アイスブレイクからすきま時間まで

学級&授業
5分間活動
アイデア事典

静岡教育サークル「シリウス」編著

明治図書

Introduction

は じ め に

「子どもたちと遊びたい！」

それが私が教師になった理由の1つです。

学生時代から，子どもたちとどうしたら楽しい時間が過ごせるかを考えてきました。教師として以外にも，キャンプのリーダーやスキーや水泳のコーチなどをして，子どもたちと多くかかわってきました。そうした自分の経験から，「子どもと笑顔の時間をたくさんつくること」，これが学級経営や授業の基盤なのだと考えるようになりました。

そして，「クラスが安心できる場所であること」「子ども一人ひとりに居場所があること」。教室が，少数の大きな笑いではなく，みんながほほえみ合える場所であることが大切なのだと考えています。

学級があまりしっくりしていないときは，何かしら活動が停滞していたり，おもしろさがなかったりして，そのほころびから人間関係がうまくいかなくなったりします。

みなさんの学級は今どのような状態でしょうか？

目を閉じて，自分の学級の子どもを思い浮かべてみてください。どんな顔をしているでしょうか？　笑っていますか？　自分自身の顔も思い浮かべてみてください。どんな顔をしていますか？

この本では，教師も子どもも一瞬で笑顔になれる，「5分間」という短い時間の活動をたくさん集めました。これといった準備物もいらず，その場で簡単に，手軽に短時間でできる活動ばかりです。

　5分間で，身近なちょっとした不思議に驚いたり，友だちと息を合わせて拍手をしたり，知的な学習ゲームに熱中したり。「どっかーん」と大きな活動ではなく，ごく限られた時間の，ちょっとした活動というのがミソです。

　大きな活動は，エネルギーを使います。もちろんやり遂げたという達成感はあります。でも，毎日そんな活動ばかりでは疲れてしまいますし，学級のすべての子どもが集中して長時間の活動をやり遂げることが難しい時代になってきているようにも感じられることがあります。

　一方で，たった5分のちょっとしたワクワク，ちょっとした楽しさが，毎日の学校生活に驚くほど大きな潤いを与えてくれます。

　「今日は先生何してくれるかな？」「先生といると楽しいなあ」「うちのクラスって居心地いいなあ」

　そういう思いを子どもがもってくれればこっちのものです。

　この本に収められた67本の活動には，静岡教育サークル「シリウス」，藤枝教育サークル「亀の会」のメンバーが長年にわたって培ってきたノウハウが詰まっています。ベテラン教師の技術を若い先生に伝えようという思いでつくられていますが，ベテランの先生にもおすすめできる本だと思っています。

　この本が先生方と子どもたちの笑顔につながることを願っています。

　2018年2月

静岡教育サークル「シリウス」

藤枝教育サークル「亀の会」

戸塚健太郎

CONTENTS

もくじ

はじめに

コミュニケーション活動

朝の会

学級レク

遠足

授業はじめの
アイスブレイク

1章 短時間の活動で 学校生活にリズムと潤いを！

1 長時間の活動は難しい

　学級生活の様々な場面において，長時間の活動を行う機会は少なくありません。また，小学校の授業は，１単位時間45分が基本です。

　読者の先生のクラスでは，こういった長時間の活動や45分間の授業を，最初から最後まで集中してやり遂げられる子どもが，どれぐらいいるでしょうか？

　小学生の集中力の持続時間は，低学年で15分，高学年でも30分程度と言われています。ということは，１つの活動や内容を一定以上の時間，集中して突き詰めていくのは，子どもたちにとって，とても難しいことなのです。

2 5分間活動の効用

　そこで役に立つのが，本書で紹介する「5分間活動」です。

　例えば，授業の中で「子どもたちの集中力が切れてきたな…」と教師が感じたところで，ごく短い時間の活動を１つ挟むだけで，心と体がリフレッシュされ，子どもたちは授業の残りの時間に集中できたりします。

　また，朝の会や授業の導入など，設定された時間そのものが短い場面でも，そこで行う活動を工夫することで，子どもたちに活力がみなぎります。

　本書では，便宜上8つのジャンルに分けて活動を紹介しています。しかし，必ずしもそのジャンルにこだわることなく，自由に使ってほしいと考えています。そこで，以下ではいくつかの効用をジャンルにとらわれず記します。

アイスブレイクとして

　「アイスブレイク」とは，氷を割る，溶かすという意味で，初対面の人同士が打ち溶けるためにするゲームのことを指すことが多いようですが，本書では主に，授業に向けての肩慣らしや準備運動に当たる活動を紹介しています。この活動によって，休み時間から授業へ頭のスイッチの切り替えを行い，授業への集中力や期待を高めます。

　また，学級開きや朝の会で行う活動も，１年間，あるいは１日のアイスブレイクと言えます。例えば，朝の会で重要なのは，子どもたちの身体を起こし，目を覚まさせることです。そこで，簡単に体を動かしたり，少し頭を働かせたりするゲームなどが効果的です。

行事やレクリエーションのアクセントに

　遠足やキャンプなど，屋外に出かける行事では，すがすがしい空気を吸いながらちょっとした活動を行うと気持ちよいものです。本書で紹介する「まねっこヨガ」はそんな活動として最適です。また，本書では「授業はじめのアイスブレイク」で紹介されている「膝さわり相撲」などは，お弁当の後の腹ごなしの活動にもうってつけです。

　５分間の活動は，学級のレクリエーションの中でピンポイントで使うこともできます。また，６～７つほど組み合わせれば，それだけでお楽しみ会を計画することができます。その場合のポイントは，運動量が少ない活動，活動単位となる人数が少ない活動から始めるということです。参考に次のような流れのお楽しみ会はどうでしょうか（いずれも本書で紹介している活動です）。「おーちたおちた　なーにがおちた」→「集まって，ハイ，ポーズ！」→「キャッチ！」→「肩たたきをしながら歌を歌おう！」→「ジェスチャーだけで伝えよう」→「押して引いて，バランスくずし」

学級づくり，仲間づくりに

　仲間づくりには，同じ思い，同じ時間を共有することが不可欠です。みん

なで同じリズムの手拍子をしたり，同じポーズをとったりするのが効果的です。その意味で，本書で紹介する「ウェーブで盛り上げよう！」「ソーレ！パン」などはうってつけの活動と言えます。

　また，肌の触れ合い，スキンシップも仲間との距離を近くします。例えば，前出の「肩たたきをしながら歌を歌おう！」では，スキンシップを通して子どもたちが自然と笑顔になります。

　5分間の活動ですから，継続して行うことが可能です。例えば，自己紹介や名前を覚える活動などは，学級開きから1週間ほど続けると効果的です。

③ 5分間のワクワクを演出するポイント

教師が楽しそうな顔をする

　「これやったら子どもが喜ぶぞ」と教師がワクワクした顔をすれば，もう7割は成功なのです。そこで，「これは絶対ウケる！」という「鉄板ネタ」をもつことをおすすめします。筆者はレクリエーションの名人を何人も知っていますが，そういった方はゲームをたくさん知っているというより，選りすぐりの鉄板ネタをいかに楽しい雰囲気で進めるかという点で長けています。

　また，自分の楽しそうな顔は，自分では見られませんから，鏡を見て笑顔づくりの練習をすることも大切です。自分が「ニコッ」と笑ったとき子どもが笑い返してくれれば，楽しそうな顔ができているということになります。

説明をできるだけ短くする

　一番よいのは説明をしなくてもできる活動です。「先生のまねをしましょう」で伝わる活動は，余計なことをせずにどんどん始めます。慣れれば「まねをしましょう」などと言わなくても，子どもがどんどんまねします。教師が楽しそうなことをしていれば，子どもはまねしたくなるものです。

　また，言葉で説明するのではなく，教師が手本を見せると短時間で済みます。手本を見せるときは，ジェスチャーを大きめにすることがコツです。

明るい言葉，ハキハキした声

　子どもは元気な声の先生が好きです。明るい声で活動の説明ができれば，それだけで楽しい雰囲気になります。そして，明るい言葉かけです。バラエティ番組の司会者のように，元気よくハキハキ話します。注意したいのが，「ハキハキ」と「乱暴」は違うということです。「○○さん上手！」「××さん天才」「あっ，そういうこともできるの!?」「完璧！」「最高！」「いいねぇ～」などなど，丸くて温かいボキャブラリーを増やしたいものです。

全員が参加できるようにする

　だれもが安心できる活動にします。失敗してもバカにされない，無理に前に立たされない，といったことです。罰ゲームも行わない方がよいでしょう。

　ただ，活動に参加できない子がいても，そっと見守ることが必要な場合もあります。みんなが楽しそうにしている姿を見ることで気持ちは参加しているかもしれないし，みんなが楽しそうにしていればそのうち参加するかもしれません。

　ゲームなどでは，難易度の設定も大切です。最初は簡単なものからスモールステップでだんだんと難易度を上げていきます。大切なのは，「少しがんばればクリア」できるという難易度を見極めることです。

「楽しかったなぁ」と思ったところで終わる

　楽しい活動はいつまでもやりたくなるわけですが，パッと切り上げ，次の活動に移ります。何事も引き際が肝心です。

　上の５つのポイントは，実は学級経営や授業づくりの柱そのものとも言えます。教師が楽しい顔，明るい言葉で，テンポよく安心して取り組めるように活動を進めれば，自然と学級はうまく回ります。そんな学級経営，授業づくりに，本書で紹介する５分間活動を積極的に活用し，学級生活にリズムと潤いを与えていただきたいと願っています。

2章
すぐに使える！
学級&授業づくりの5分間活動
67

学級**開**き

集まって，
ハイ，ポーズ！

ねらい

新しい学級の新しい友だちに積極的に声をかけ，人間関係づくりの第一歩を踏み出すことができるようにする。

❶集まるテーマを教師が言い，仲間を探してグループをつくります。

（例）

・誕生月

・好きな食べ物

・好きな教科　など

❷言った後，10数えます。「10，9，8，…3，2，1。そこまで！」

❸グループに入れなかった子がいないか確認します。

❹グループごとにポーズを考えます。

仲間分けとポーズは特に関連しなくてもよいので，集まった即席のグループで上手に話し合って，ポーズを決めます。

❺1グループずつ，紹介と同時にみんなの前でポーズをとります。

❻見ている他のグループの子どもは拍手をします。

「考えたポーズで記念写真を撮るよ」と写真を撮影し，なんのグループだったかメモしておけば，子どもの実態把握につながり，学級経営に生かすことができます。また，学年集会やキャンプファイヤーなど学年全体で活動するゲームとしても最適です。

お互い声をかけ合いながら仲間探しをするのがポイント

グループ数が多いときは，いくつかのグループが同時にポーズを披露

お見合いジャンケン で自己紹介しよう！

ねらい

じゃんけんゲームを通して，できるだけたくさんの友だちと自己紹介し合う。

❶広い場所を確保し，同じ人数で２つのグループをつくります。

❷１グループが外側を向いて円をつくります。

❸もう１グループは，その外側に内側を向いて円をつくります。

❹向き合った人同士で自分の名前を言い，教師の合図で握手してからジャンケンをします。

❺勝った人は，負けた人に「好きな○○」を伝えます。

(例)・好きな食べ物　　・好きな教科

　　・好きな遊び　　　・好きなテレビ番組　など

❻教師の合図で，外側（内側）のグループが時計回りに横に１つ動きます。

❼別の相手と同じようにジャンケンをします。

　学級開きの自己紹介で使える活動です。交代する時間がほとんどかからずに，順番にジャンケンする相手が入れ替わるので，たくさんの友だちと触れ合うことができます。

　何回かやる場合，「今度は違う人とグループをつくろう！」「男女混合グループをつくろう！」など補助的な設定も同時に伝え，できるだけ多くの友だちと交流する機会を設けます。

二重円になったら，向かい合ってジャンケンをします

勝ったら万歳し，負けたら勝った友だちに両手をひらひらさせて称えます

「ソーレ！　パン」で
仲間づくりをしよう！

ねらい

先生の拍手した数をよく聞いて，その数と同じ人数で集まりすばやく仲間づくりをすることを通して，友だちとのリレーションを深める。

❶教師のまわりを囲むように集合します。

❷教師が「ソーレ！」と声をかけ，【パン】と拍手します。

❸教師の【パン】に合わせて，子どもたちも同時に【パン】と打ちます。

❹続いて，教師の「ソーレ！」【パン・パン】と同時に，子どもたちも【パン・パン】と打ちます。

❺「ソーレ！」のかけ声の後，拍手が1回ずつ増えていくことを伝えます。

❻拍手し終わったところで，教師が「そこまで！」と声をかけ，そのとき叩いた拍手の数と同じ人数のグループをつくります（つまり，拍手した数をしっかり覚えていないと，何人組をつくらないといけないかわからなくなってしまいます）。

❼グループができたら，その場に座ります。何回かやる中で「男女が交ざったグループ」「前回仲間になっていない人とつくる」など，拍手の数以外のミッションをつけ足すと，さらに盛り上がります。

　叩いた拍手の数と同じ人数のグループをつくるだけの単純な活動です。入学当初やクラス替えのあった4月に行うと，友だちづくりを促進するきっかけになります。また，体育の授業の導入などにも使えます。

何回拍手したかしっかり覚えて…

ゲームを通して，新しい友だちとの距離も縮まります

2章 すぐに使える！学級＆授業づくりの５分間活動67

学級開き

「キャッチ！」で勝負！

ねらい

スキンシップを伴う簡単な活動を通して，子どもたちの心理的距離を縮める。

❶４，５人で１つのグループになり，手をつないで丸くなります。

❷つないだ手をいったん離し，右手はグーを少し開いた状態にします。左手は人差し指を伸ばします。

❸左手の人差し指を左隣の人の右手の中に入れ，スタンバイ OK です。

❹教師が「キャッチ！」と言った瞬間に，左手の指を抜き，右手は握りしめます。人差し指が抜けたら，抜けた人は勝ちです。また，抜けさせずに相手の人差し指を握ることができれば，握った人も勝ちです。つまり，同時に２人の人と勝負します。

　ルールが簡単で，スキンシップを伴うので，子どもの心理的距離を縮めるために学級開きや新年度最初の遠足などのちょっとした時間で行うことがおすすめです。

　「キャッチ！」の号令は「キャーキャーキャーキャーーー……キャッチ！」というように，いつ「キャッチ！」と言うかわからないようにするのがポイント。

　また，「キャーキャー…キャベツ！」「キャーキャー…キャット！」のようにフェイントを入れても盛り上がります。

20

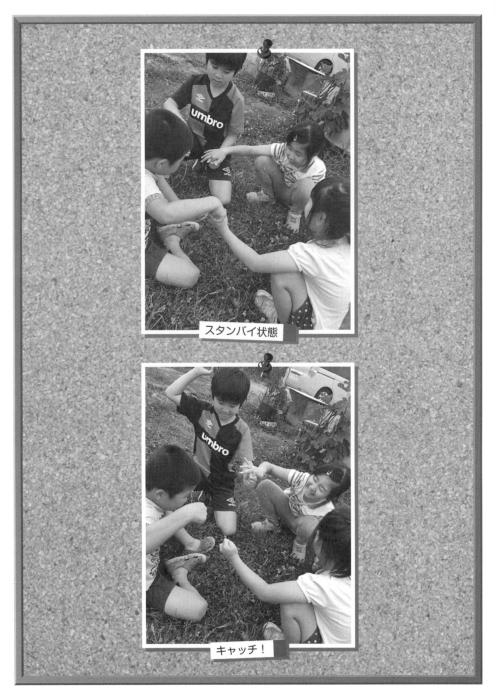

スタンバイ状態

キャッチ！

ネーム回しで
みんなの名前を覚えよう！

ねらい

みんなで学級全員の名前を呼ぶことで，仲間の顔と名前を一致させる。

❶「ぱんぱん」のリズムで手拍子をします。

❷1人めの子どもが手拍子に合わせて，クラスのだれかの名前を呼びます。

❸全員で，呼ばれた子の名前を言います。

❹呼ばれた子は，また別の子の名前を呼びます。

　下のようなリズムになります（下線は全員で言うところです）。

手拍子	ぱんぱん	ぱんぱん	ぱんぱん	ぱんぱん	…
名　前	あきら	あきら	とおる	とおる	…

❺学級全員名前が言われたら終わりです。

❻時間があったら，三拍子にも挑戦してみましょう。

手拍子	ぱんぱんぱん	ぱんぱんぱん	ぱんぱんぱん	ぱんぱんぱん…
名　前	あきら	あきら	とおる	とおる…

　クラス替えがあった学年の学級開きや，年度はじめの学級レクリエーションにおすすめ。自分の名前をみんなに言ってもらえるとうれしいものです。

全員起立して始め,呼ばれた人から座っていくと,だれを呼べばよいのかひと目でわかります

少人数で輪になって行うこともできます

いろんな握手で はじめまして！

ねらい

新しい友だちと，いろいろな握手をすることで仲良くなることができるようにする。

❶握手の種類の説明をします。例えば「指先と指先」「片手と片手」「両手と両手」「おでことおでこ」の4種類です。

❷教室内を自由に歩き回り，出会った相手に簡単な自己紹介（名前と好きなもの）をして，ジャンケンをします。

❸勝った人は「指先」のように，握手の種類を指定します。

❹2人で指定した握手をします。終わったら，バイバイをして次の相手を探します。

❺全部の握手をし終わったら，席に座ります。

　クラス替えがあり，新しい友だちとの出会いがある学年でおすすめの学級開きの活動です。日本人には普段の生活で握手をする習慣があまりないので，普通のあいさつで握手をするのはちょっと照れくさいものですが，ゲーム化することで照れなくできます。

　学級の実態や学年に応じて，握手の種類はいろいろ変えてみるとよいでしょう。「肘と肘」「膝と膝」「腰と腰」「おしりとおしり」…など，体のどこか一部分で触れ合うようなスキンシップを取り入れます。

指先と指先で握手

おでことおでこで握手

学級開き

隣の隣の○○さん！

ねらい

リレー形式で行っていく自己紹介で，新しいクラスの仲間の名前だけでなく，好きなことなども知ることができるようにする。

❶4〜6人程度のグループをつくり，円形に座って，一番最初に自己紹介をする人を決めます。

❷自己紹介をする際，名前と一緒に紹介するテーマを教師が伝えます。テーマは「好きな食べ物」「好きな動物」など，なんでも構いません。

❸一番最初の人から自己紹介をスタートします。

1人目「焼肉が好きな○○です」

2人目「焼肉が好きな○○さんの隣の，ラーメンが好きな△△です」

3人目「焼肉が好きな○○さんの隣の，ラーメンが好きな△△さんの隣のお寿司が好きな□□です」

…以下4人目以降も同様に続きます。

❹グループ全員の自己紹介が終わったら，テーマをさらに1つ加える，グループをチェンジするなどして続けます。

　学級開きの日に，短時間で楽しみながらできる自己紹介の活動です。

　名前とともに「好きな食べ物」などテーマに沿ったひと言を添えてリレー形式で自己紹介をしていきます。覚えることが大変になってくると，教え合ったりして雰囲気が和みます。

テーマ
「好きな食べ物」

焼肉が好きな〇〇さんの隣の，ラーメンが好きな△△さんの隣の，お寿司が好きな□□です。

お題を黒板に書いてスタートします

1グループの人数は4〜6人程度。学級の実態に応じて決めます

みんなでほめ合える
クラスをつくろう！

ねらい

拍手やスタンディング・オベーションの練習をすることで，互いに認め，ほめ合えるクラスの基礎を築く。

❶まず，基本的な拍手の仕方を押さえます。例えば，「細かく，5秒間する」こととします。「細かく」はどの程度なのか，教師がお手本を示します。時間は，ストップウォッチで計測するなどして，5秒がどれくらいの長さなのかを体感させます。

❷拍手の仕方を押さえたら，スタンディング・オベーションの練習です。合図でパッと立ち，称賛する相手の方を向いて，細かく，5秒間拍手をします。また，各自が称賛の言葉を贈ります。

❸やり方を覚えたら，帰りの会でさっそく実践。今日一番がんばった人に，学級全員でスタンディング・オベーションです。

　子どもたちが互いに認め合い，称え合える，支持的な風土のクラスをつくっていくために，学級開きでぜひ取り組みたい活動です。

　年度はじめだけでなく，帰りの会などで子どものがんばりを認め，称える機会をたくさん設け，拍手やスタンディング・オベーションのあふれるクラスにしていきましょう。

　拍手が小さくなったり乱れてきたりしたときは，学級が乱れてきているということなので，引き締めを兼ねて，いま一度練習をするとよいでしょう。

拍手は細かく，5秒間

今日一番がんばった人にスタンディング・オベーション！

コミュニケーション活動

ネームパスで
みんなの名前を覚えよう！

ねらい

ちょっとしたゲームを通して，新しいクラスの仲間の名前を楽しく覚えることができるようにする。

❶席に座って，中央を見ます。

❷教師が，「Aさん，○○先生です」と言いながら，紙風船など投げやすいものを子どもの中の1人にパスします。

❸もらったAさんは，次の人（Bさん）に，「Bさん，Aです」と紙風船をパスします。

❹以後，次々と名前を呼びながら，紙風船を投げ渡していき，クラス全員に回ったら終了です。

　クラス替えがあった学年の，まだお互いの名前がはっきりしない時期におすすめの活動です。

　クラスの人数が多い場合は，いくつかのグループに分けると，紙風船が回りやすくなります。

　慣れてきたら，紙風船を2つにして同時進行してもよいでしょう。

　紙風船のかわりに風船を使い，一度持たないで，次々にパスをしていくと盛り上がります。

紙風船や風船を使います

「〇〇さん，□□です」と，相手の名前を呼んで投げます

コミュニケーション活動

指1本で伝えよう！

ねらい

背中に指で書いた言葉を伝えていく活動を通して，クラスの友だちと楽しみながら距離を縮める。

❶4，5人のグループをつくります（班対抗がおすすめ）。

❷順番を決め，1列に並びます。

❸2番目以降の子は後ろ向きに座ります。列の最後の子には，ホワイトボードや画用紙など大きく書いて見せられるものを持たせます。

❹先頭の子を呼んで，教師がお題を出します。学級の実態にもよりますが，スタートする前にヒントを伝えると，考える範囲が狭まります。

（例）

・「ライオン」だったら，ヒントは「陸の動物」

・「黒板」だったら，ヒントは「学校にあるもの」

❺背中に指で文字を書き，順番に伝えていきます。

❻最後の子はホワイトボードや画用紙に書き，各列一斉に上に掲げます。

　昔からあるオーソドックスなゲームですが，目と耳以外で友だちと伝え合うことで，お互いに寄り添う気持ちが芽生えます。

　うまく伝えられなかった子が責められることがないよう，答えが合っていたかどうかよりも，相手にしっかり伝えようと一生懸命取り組むことが大事であることを教師が伝えましょう。

なんて書いているのかな…？

一斉に答えをオープン！

コミュニケーション活動

ジェスチャーだけで 伝えよう！

ねらい

一緒に文章を考えたり，順番を決めたり，ジェスチャーを考えたりすることを通して，グループのコミュニケーションを深める。

❶４，５人のグループをつくります。

❷グループで，グループの人数分の文節がある１文を作文します。

❸誰がどの文節を担当するかをグループ内で決めます。

❹クラスのみんなの前で，１人ずつジェスチャーをします。

❺わかった子は，手をあげて当てていきます。

　班替えや席替えの直後におすすめのコミュニケーション遊びです。

　体を動かすことが大好きな子どもたち。そんな子どもたちでも，身振り手振りの表現だけで友だちに何かを伝える機会はなかなかありません。意外な子が上手だったりするなど，新たな発見があり，教師も楽しめます。

　作文は，グループで自由につくらせてもよいですが，学級の実態に応じて教師側でお題を示してあげると，考えやすくなります。少しユーモアのあるお題にすることがポイントです。

（例）

・動物の学校生活

・友だちの10年後

・もしも○○さんが○○だったら

グループで作文タイム

自信がない子は2人組でジェスチャーするのもOKとします

コミュニケーション活動

スーパーの広告クイズで 話し合い活動！

ねらい

スーパーの品物の値段当てクイズをすることを通して，話し合い活動の練習を行う。

❶スーパーの広告を準備します。

❷机を班で相談できる形にします。

❸教師が問題を出します。

（例）

・きゅうりを6本買うといくらでしょう？

・豚バラ肉220ｇと牛肩肉200ｇでは，どちらが高いですか？

❹班で相談しながら考え，答えを紙に書きます。問題の難易度にもよりますが，相談時間は2分程度に限定します。

❺ホワイトボードや画用紙で，班長が答えを見せながら発表します。

❻教師は各班の答えを板書し，正解を発表します。

❼話し合いの大切さについての話をします。

「こうやって頭を寄せ合って考える姿をたくさんつくっていきましょう。みんなが考えて授業をつくっていくとき，自然とそういう姿になります」

仲間と答えを考えていく中で自然と身を乗り出し頭が近づいていきます。この姿が話し合い活動の理想です。

本物のスーパーの広告から出題!

いくらになるかな?

みんな身を乗り出して頭が近づきます

フリップを使って解答を掲げます

コミュニケーション活動

拍手で探せ！

ねらい

オニ役の子に宝物のありかを拍手だけで伝える活動を通して，「みんなが1人のために」という協力の精神を養う。

❶1人の子が宝物を見つける役（オニ役）になり，廊下に出ます。

❷その他全員は，内向きで円になって座ります。

❸宝物を隠し持つ人を決めます。

❹宝物を見つける役の子が教室の中に入ります。

❺他の子は拍手の大きさで宝物を持っている子の居場所を伝えます。持っている子に近づいたら拍手を大きく，持っている子から遠くなったら拍手を小さくします。

❻30秒以内で誰が持っているかを当てます。当てるチャンスは3回ぐらいに限定します。

　クラスのみんなが協力することの大切さを実感することができる活動です。宝物を隠していますが，オニ役の子から隠し通すことが目的ではなく，そのありかを限定された手段の中でオニ役の子に伝えることが目的である，という点がこの活動のおもしろいところであり，特長でもあります。

　この活動を通して，「All for one」（みんなが1人のために）という思いを一人ひとりの子どもたちに自然ともたせることができれば最高です。

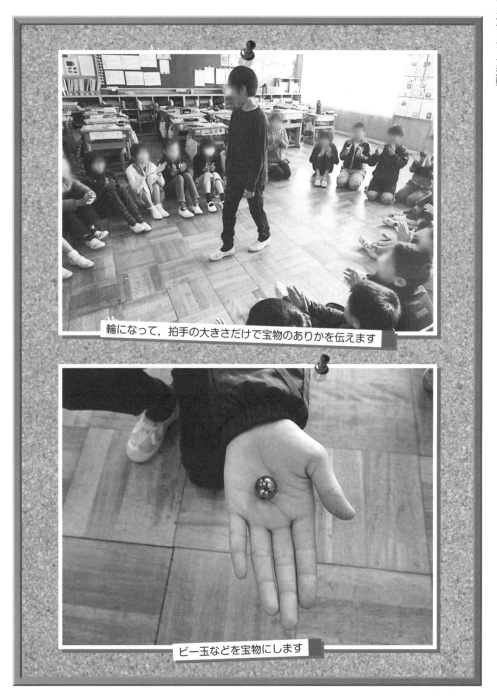

輪になって，拍手の大きさだけで宝物のありかを伝えます

ビー玉などを宝物にします

コミュニケーション活動

番長皿屋敷ゲームで
ドキドキ，ワクワク！

ねらい

ドキドキ感のあるゲームを通して子どもの心理的距離を短時間に縮め，リレーションの育成のきっかけをつくる。

❶ 4〜6人で1グループになり，グループごとに円になります。

❷ 教師が，「1枚，2枚〜」と数えたら，1人ずつ，左手を机（床）の上に重ねていきます。途中で「パリン」という皿の割れる音が聞こえたら，次の人は重ねられた手を叩くことができます。手を重ねている人は，叩かれないように手を引っ込めて逃げます。

（左手で足りないときは，右手も入れて重ねていきます）

　ちょっとしたドキドキ感を楽しむことができる，子どもたちに人気のゲームです。❷に入る前に，教室の電気を消し，薄明かり状態にして，少し不気味な感じで以下のような語りを入れると盛り上がります。

　「昔，江戸の番町というところに，大きな大名屋敷がありました。その屋敷には，家宝の大切な皿20枚が代々伝わっていました。ある日，その屋敷のお菊という女中さんが，その皿を1枚割ってしまいました。大変なことをしてしまったとお菊さんは，屋敷の井戸に飛び込んで自殺をしてしまいます。その晩から，毎晩のように，お菊さんが自殺した井戸の中から，女の人の声がするようになりました。お菊さんの声が聞こえます。1枚，2枚…パリン！」

1枚，2枚～…手を重ねます

パリン！

コミュニケーション活動

ウェーブで盛り上げよう！

ねらい

ちょっとした出来事をオーバーに喜ぶことで，学級の雰囲気を盛り上げる。

❶基本パターン

①教師がだれかの誕生日など，喜ばしいできごとをアナウンスします。

②「せーの」で，列の一番前から順に，「うわーっ！」と言いながら，両手をあげていきます。

③ウェーブが列の一番後ろまで行ったら，今度は逆に前に戻ります。

❷応用編（握手ウェーブ）

①隣の席同士で手をつなぎ，ウェーブの準備をします。

②教師が，喜ばしいできごとをアナウンスします。

③「せーの」で，一番廊下側の列から順に，窓側の列に向かって，「うわーっ」と言いながら，両手をあげていきます。

手の動きが本当に波打っているように見えます。

④一番窓側の列まで行ったら，今度は廊下側に戻ります。

ちょっとした喜ばしい出来事やお祝い事があったとき，それをオーバーに喜ぶことで，クラスの雰囲気を盛り上げるという方法です。

❷の「握手ウェーブ」は見た目にも美しく，教室に一体感が生まれます。

基本パターン

応用編の握手ウェーブ

コミュニケーション活動

犬語で仲良く ケンカしよう！

ねらい

相手を傷つけることなく，上手にストレスを発散させる。

❶「犬語と表情だけで，お隣とケンカをしましょう」と子どもたちに呼びかけます。

❷子どもたちは，顔を突き合わせて「ワンッ，ワンワンッ…」などと吠え合います。「ワン，ワン」という言葉自体には意味がないので，お互いに嫌な気持ちになることがありません。かえって愉快な気持ちになり，吠えることでストレスも発散されます。

❸ネコやウシなど，鳴き声がよりソフトな動物に種類を変えると，さらに穏やかなケンカになります。

　雨が降ってジメジメした日が続いたりすると，体を動かすことができないストレスがたまり，なんとなくイライラした雰囲気が教室に漂います。こんなときには，些細なことが原因で，ケンカが起きかねません。そんなときにぴったりのちょっとしたガス抜きの活動です。

　動物の種類をいろいろ変えると，より楽しめますが，本当のケンカが起きる原因になりかねないので，意味のわかる言葉は絶対に使わないということだけ約束します。

　もちろん，手や足も出してはいけません。

犬語だけでケンカします。ヒトの言葉は使えません

身体の接触も NG です

コミュニケーション活動

ヒーロー・インタビューを しよう！

ねらい

クラスの友だちの成功体験を掘り下げて聞いていくことで，お互いの理解を深める。

❶２人１組になります。１人はヒーロー役（話し手），もう１人はインタビュアー役（聞き手）です。役割は途中で交代します。

❷教師から活動の概要を説明します。

「今から『自分が一番活躍したと思うとき』のことを話してください。考える時間は１分。スポーツだけでなく，「絵で賞状をもらったよ！」「１年間皆勤賞だったよ！」「ノコギリクワガタを捕まえたよ！」などでもOKです。人がどう思うとも，自分が一番活躍したと思えばそれでいいです」

❸「では，聞き役の人は，今からテレビのインタビューです。オリンピックのヒーロー・インタビューのように，どんどん盛り上げて話を聞き出していきましょう。大声で『えぇっ，すごいですね！』と身をのけぞらせてください」。身振り手振りや表情も子どもに意識させましょう。

❹質問が苦手な子どものために「いつのこと？」「うまくいった秘訣は？」など質問のキーワードを黒板に書いておきます。

　自分の成功体験を人が興味深く聞いてくれるのはうれしいもので，口と心が自然と開きます。ポイントはなんといっても聞き役です。まずは教師がオーバーアクションでお手本を見せましょう。

ペンをマイクにするのもおすすめです

質問のキーワード
●いつのこと？
●どうしてそうしたの？
●成功の秘訣は？
●それによってどう感じた？
…

掘り下げるためのキーワードを示しておきます

コミュニケーション活動

同じところを
探してみよう！

ねらい

友だちとの共通点を探す活動を通して，新しい仲間に親近感を感じさせ，子ども同士の距離を縮めます。

❶お隣の友だちと２人組をつくります。

❷教師はルールを説明します。

「これから２人に共通するところ，同じところを３つ探します。目に見えるもの，目に見えないもの，なんでも構いません。では，始めます。時間は１分です。よーい，ドン！」

❸教師は「もう見つけたの？　早いね！　すごいね！」とほめて回りましょう。慣れてくると４つ，５つと見つけるペアも出てきます。

❹「次は，レベルアップ！　班のお友だち（４〜６人ぐらい）みんなの同じところを探しましょう。これも３つ。見つけられたら本当にすごいよ」

班替えや席替えをすると，なかなか自分から話ができないという子どももいるのではないでしょうか。この活動を授業や給食の前に行うことで，親近感が生まれ，子ども同士の距離が縮まります。

学級の人数が少ない場合，２人組で練習した後，学級全員の同じところを探します。見つける数を増やしたり，目に見えないもので縛ったり等，学級の実態に合わせ，レベル調整してみてください。

2人1組で共通点を見つけます

班全員の共通点，どんなことがあるかな？

コミュニケーション活動

お友だちのよいところ こっそり!? 伝えよう！

ねらい

クラスや班の友だちのよいところを見つけ，それをお互いに照れずに伝えさせる。

❶4～8人程度のグループになります。

❷1人だけみんなに背中を向けて座ります（外側を向く子を決めます）。

❸教師が活動の趣旨を説明します。

「今から，外側を向いている友だちは，先生の魔法で消えてしまいます。見えているけど，いないと思ってください。その他の内側を向いているみんなは，外側を向いている友だちのよいところ，素敵なところを話し合います。できる限り具体的にほめてあげられるとすばらしいですね」

❹まずは1人で考える時間を取ります。時間は30秒です。

❺次に話し合いの時間です。2分間話し合ってみてください。

　友だちのよいところを見つける活動を行っている学級は多いかと思いますが，その活動の1つです。

　紙に書いて伝えるだけでは味気ないし，面と向かって伝えるのは子どもがはずかしがるし…という学級におすすめです。

　5分間では1人が限界なので，1週間続けたり，誕生日の子をピックアップし，学級全員で話し合うというのもよいでしょう。

朝の会

ミニビンゴゲームで
気持ちよく1日をスタート！

ねらい

短時間で身近なことをテーマにしたビンゴゲームを行うことで，頭と体を起こし，気持ちよく1日をスタートする。

❶縦横3マスのビンゴゲームカードを配ります。

（ビンゴ用の紙をB5判で多数印刷し，クラスに保管しておきます）

❷カードに書き込む時間を示してから，出題をします。

（例）

・クラスの友だちの名前 　　・都道府県名

・国名 　　　　　　　　　　・20までの数

❸曜日ごとに列を決めるなどして，子どもがコールします。

❹2つつながったら，「リーチ！」と言って立ちます。

❺3つつながったら，「ビンゴ！」と言って前に出て，みんなの拍手で称えられます。

（ビンゴした子には，ミニシールなどの賞品があると，やる気が増します）

　子どもたちはビンゴゲームが大好き。1日のスタートに短時間で行うと，頭も体もスッキリします。

　5×5マス程度で行うのが一般的ですが，3×3マスにすると，5分間で無理なくできるのでおすすめです。

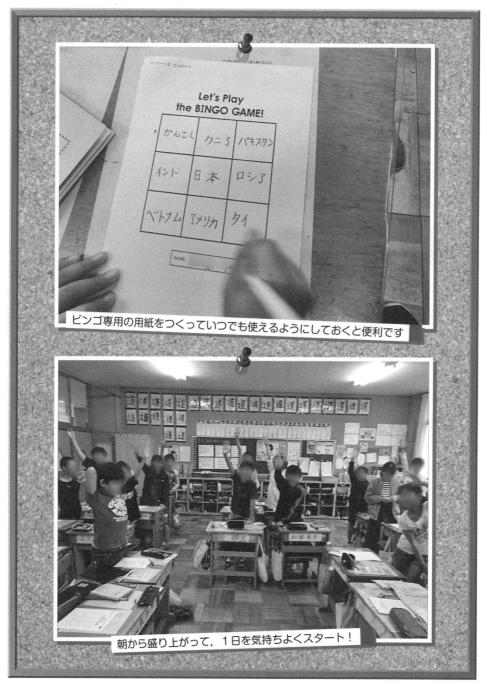

ビンゴ専用の用紙をつくっていつでも使えるようにしておくと便利です

朝から盛り上がって，1日を気持ちよくスタート！

朝の**会**

肩たたきをしながら
歌を歌おう！

ねらい

歌を歌いながらリズミカルに肩を叩く活動を通して，拍に合わせて歌うことの気持ちよさを体感させる。

❶肩たたきができるように，列ごとに立って並びます。

❷右左右左右左右左と前の人の肩を８回叩きます（以下，❿まで練習）。

❸まわれ右をして，同様に前の人の肩を８回叩きます。

❹まわれ右をして，前の人の肩を４回叩きます。

❺まわれ右をして，前の人の肩を４回叩きます。

❻まわれ右をして，前の人の肩を２回叩きます。

❼まわれ右をして，前の人の肩を２回叩きます。

❽まわれ右をして，前の人の肩を１回叩きます。

❾まわれ右をして，前の人の肩を１回叩きます。

❿正面を向いて手を１回叩きます。

⓫❷～❽までを繰り返しながら歌を歌います。（本番）

　「ビリーブ」「ドレミの歌」「小さな世界」「富士山」「こいのぼり」「うみ」「グリーングリーン」など，４拍子８小節単位の歌を歌います。

　歌を歌いながら友だちの肩を叩きます。一定回数叩くと振り向いて後ろの人の肩を叩きます。みんなが数を数えながら同じように動くことに楽しさがあります。朝の会の歌の時間や音楽の授業の導入などでおすすめです。

マッサージ効果もあり，心も体もほぐれます

最後にパン！　と手拍子が合うと達成感があります

朝の会

朝から魚釣り，
虫捕りに行こう！

ねらい

思わず笑い声が起きて，クラスの雰囲気が明るくなります。

❶ルールを説明します。

「今日は魚釣りに行きましょう。みなさんは釣り竿を持っています。先生がどんどん魚の名前を言うので，みんなは，そのたびに「釣った！」と言ってください。でも，魚の名前でないときには，「釣った！」と言ってはいけません」

❷ルールに沿ってゲームスタート。教師はどんどん魚の名前を言っていき，ときどき，魚ではないものの名前を言います。

❸ひと通り終わったら，今度は「虫捕り」に挑戦。かけ声は「捕った！」です。

　教師（リーダー）の呼びかけに合わせて，大きなかけ声をかける楽しい活動なので，一日のスタートにおすすめです。

　間違えて叫んでしまう子が必ずいるので，笑い声が起き，教室の雰囲気が明るくなります。

　魚なら「カツオブシ」「サザエさん」，虫なら「兜」「蝶ネクタイ」といったように紛らわしいものを入れたり，まったく関係ない突拍子もないものを入れたりすると盛り上がります。

1．マグロ	12．タイル
2．カツオ	13．ボート
3．イカ	14．タコ
4．カツオブシ	15．イカダ
5．サザエさん	16．ブリ
6．イルカ	17．サバ
7．おばさん	18．タラ
8．サンマ	19．シマアジ
9．波平	20．シマウマ
10．イワシ	21．アユ
11．タイ	…

「魚釣り」の例

1．クワガタ	12．アリ
2．テントウムシ	13．キリギリス
3．カブト	14．リス
4．バッタ	15．カブトムシ
5．トンボ	16．カナブン
6．おかあさん	17．セミ
7．ダンゴムシ	18．ミミズ
8．ワラジムシ	19．ミミズク
9．ダンゴ	20．カマキリ
10．モンシロチョウ	21．おじさん
11．蝶ネクタイ	…

「虫捕り」の例

朝の会

自分の持ち物，
かけるかな？

ねらい

いつも見ているものでも，意識をしないと頭には入っていないということに気づかせる。

❶机の上に紙と鉛筆を用意します。

❷紙にかくテーマを伝えます。テーマは「子どもが毎日目にしているもの」，例えば，消しゴムやものさし，鉛筆などの筆記用具がおすすめです。手軽にかけるけれど，ロゴやデザインなど，迷う要素がそれなりにあるので盛り上がります。

❸テーマのものを見ないで，紙にかきます。制限時間は3分程度です。

❹かき終わったら，実物を出して見比べてみます。

❺時間があれば，2，3人に感想を発表してもらいます。

　朝の時間のちょっとした頭の体操におすすめです。

　消しゴムやえんぴつなど，子どもたちが毎日，毎時間手にしているものも，いざ実物を見ないでそれをかいてみようとすると，細部がなかなか思い出せません。

　子どもたち個人の持ち物だけでなく，例えば，教室の時計などをテーマにすると，だれが一番正確にかけるか競い合うこともできます。いつも教室で目にしているシンプルなものでも，意外に思い出せないところがいろいろあるものです。

似てる！　けれど微妙に違う…

毎日，毎時間見ているものでも，意外に細部が思い出せません…

朝 の 会

後出しジャンケンで
頭と体を起こそう！

ねらい

大きな声を出し，リズムに乗ってじゃんけんを行うことで，気持ちよく1日をスタートする。

❶「先生とジャンケンをしましょう」と投げかけます。

「今日は，いつもとちょっと違うジャンケンです」と言って，興味をもたせます。

❷「みんなは後出しして，必ず先生に勝ってください」と伝えます。

❸「ジャンケン，ポン！」

「ポン！」

のリズムで，教師に勝つように後出しをします（最初のかけ声で教師が出し，その後の「ポン」で子どもたちが出します）。

❹だんだんとスピードアップしていきます。

❺何回か行ったら，「今度は後出しして，必ず先生に負けてください」と投げかけます。

　教師とジャンケンをするだけの簡単なゲームで，道具などの準備が不要で，短時間で何度もできます。

　朝から大きな声を出し，リズムに乗ってテンポよくやることで，気持ちよく1日をスタートできます。

先生が先に「ジャンケン，ポン！」

後出しで子どもたちが「ポン！」

朝の**会**

指体操で脳もクラスも
すっきり爽快！

ねらい

簡単にできる指体操をクラス全員で行うことを通して，頭を活性化し，教室の雰囲気を和ませる。

❶両手を軽く握って，前に出します。

❷片方の手は親指を立て，もう片方の手は小指を出します。

❸それを左右交互に親指と小指を互い違いに同じタイミングで出したり引っ込めたりをリズムよく続けます。

❹動きに慣れてきたところで，「うさぎとかめ」の歌に合わせてみんなで動かしてみましょう。

　まだしっかり働いていない頭を活性化させるのに最適の，朝の会の時間に短時間でできる活動（指体操）です。給食後の眠気に襲われる午後の授業のはじめにもおすすめです。

　両手とも親指を出してしまったり，全然関係のない指が動いてしまったり，中にはへんてこな動きをする子がいたりして，自然に笑いが起こります。

　最初は自分のことで精一杯ですが，タイミングを見計らってまわりの友だちの動きも見ながらやるよう促すと，さらに笑顔が増えます。

　気持ちが切り替えられず，授業が始まってもずっと指を動かす子が出てきたら，優しく注意してあげてください。

片方は親指，もう片方は小指。交互に出したり引っ込めたり

歌に合わせるとなかなかうまくいかず，自然に笑みがこぼれます

朝の会

今日の気分は？

ねらい

指1本で今日の気分を表させることで，子どもの調子を把握したり，仲間を気づかう態度を養ったりする。

❶まず，教師が以下のように説明します。

「今朝，みんながどんな気持ちなのか親指で表してもらいます。

親指を立てて，一番上に来るようにしたら『元気だよ』のサイン。

親指を真ん中にしたら『まぁまぁかな』。

親指を下にしたら『元気じゃないよ』」

❷考える時間を10秒与えます。

❸「では，『せーの』で出しましょう。人の目は気にしなくてよいので，素直に出しましょう。『せーの！』」

❹「親指が低い人がいたら，高い人が今日1日低い人のフォローをしてあげましょう。低い人も，自分で気持ちを上げられるよう意識して活動してみてください」

　朝の時間に，子どもたちの今日の気分のノリ具合を確認する，ほんのちょっとの活動です。

　メリットは，ひと目でクラス全員の今日の調子を教師も子どもも把握できるということです。はずかしがらずにできるように続けていくことがポイントです。

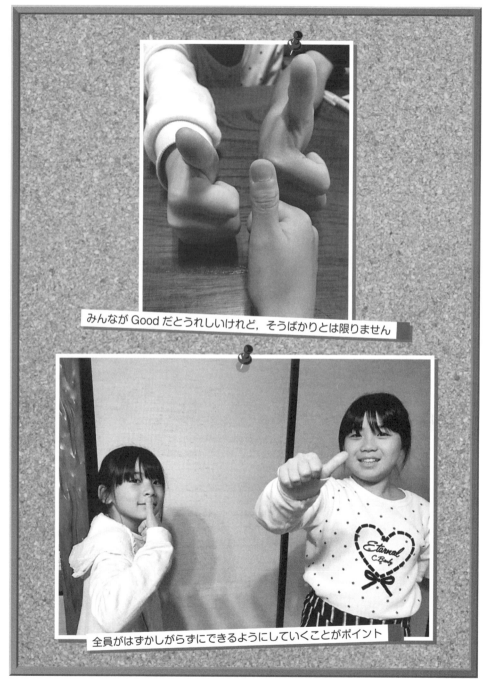

みんなが Good だとうれしいけれど，そうばかりとは限りません

全員がはずかしがらずにできるようにしていくことがポイント

朝の会

その数，言っちゃダメ！

ねらい

言ってはいけない数字を決め，その数字が出てきたら手を叩く活動を通して，子どもの集中力を高める。

❶「今日は7日だから，言ってはいけない数字は7にします」などと，言ってはいけない数字を決めます。数字に意味はないので，どの数字でもかまいません。

❷教室の座席順に1人ずつ1，2，3，4…と数字を言っていきます。7や17のときは，声を出さないで手をパンと叩きます。だれも間違えないで100まで続いたら，成功です。

❸途中で失敗してしまったら，次の子が1からやり直します。活動時間を決めておいて，途中でも終わりにします。ダラダラと続けるのはNGです。

　1から100までの数を順に言い，ある決められた数字が出てくるときだけ，声を出さずに手を叩きます。

　子どもたちは，数字に集中し，学級全体に緊張感が生まれるので，朝の会や授業の導入でおすすめです。

　はじめて行うときには，全員で数回練習してみます。教師がお手本になってゆっくり10くらいまでやり，少しずつ速くしていきます。

　学年では，少人数のグループで行ったり，タイムを計って競争させる方法もあります。

班ごとに行うこともできます

タイムを計ると盛り上がります

おーちたおちた
なーにがおちた

ねらい

リーダーの合図に応じて，全員で同じポーズをとる活動を通して，学級の雰囲気を盛り上げる。

❶リーダーが「おーちたおちた」と言います。

❷子どもが「なーにがおちた」と言います。

❸リーダーが「かみなり」と言うと，子どもはおへそを手で隠します。

リーダーが「げんこつ」と言うと，子どもはげんこつを避けるように頭に手をのせます。

リーダーが「リンゴ」と言うと，子どもはリンゴを受け取れるように手を前に出します。

❹❶〜❸を繰り返します。リーダーはテンポをどんどん早くしていきます。

❺バリエーションを考えます。例えば，「へび」だったら，両手をあげて「キャー」と叫ぶ。「風船」だったら，風船のひもで手を上に引っ張られるジェスチャーがおもしろいでしょう。「おなら」なら鼻をつまみます。「流れ星」だったら3回願い事をとなえるのもロマンチックでいいです。

　リーダーの合図に応じてポーズをとるという単純な活動です。バリエーションをみんなで考えると盛り上がります。

　ポイントはリーダーがテンポよく進行すること。勝ち負けもなく，短時間で盛り上がれるので，学級レクリエーションの冒頭に最適です。

かみなりのポーズ

げんこつのポーズ

りんごのポーズ

耳に穴が空いちゃった!?
指が切れちゃった!?

ねらい

目の錯覚を利用した簡単な手品で，場の空気を盛り上げる。

❶耳に穴が空いちゃった！

①まず，左手の親指と人差し指で左耳の上部を挟みます。

②そして，左手を外側にひねるように回すと，親指が耳を貫通しているように見えます。

❷指が切れちゃった！

①まず，右手の人差し指と中指を曲げ，その下に先が少し見えるように，親指を折り込みます。また，左手の親指を折り曲げ，右ページ中段左の写真のように右手と左手を合わせます。

（右手の人差し指，中指で親指のつなぎ目を隠している状態です）

②そして，右手と左手の親指を離すと，右ページ中段右の写真のように，親指が切れたように見えます。「あっ，親指が切れちゃった！」と大げさに驚くのがポイントです。

　目の錯覚を利用したどこでもできる驚きの手品で，道具もいらないので，学級レクリエーションのちょっとした出し物に最適です。

　教師が「耳に穴が空いちゃった！」とやって見せると，子どもは食いつくので，授業で集中力を欠いてきたときの気分転換などにもおすすめです。

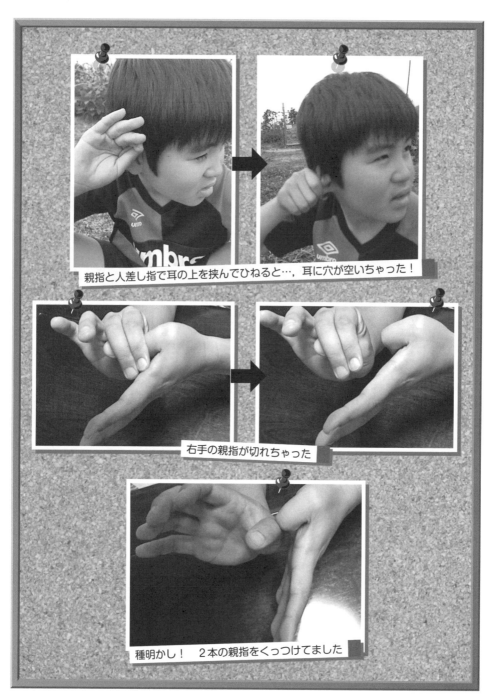

親指と人差し指で耳の上を挟んでひねると…，耳に穴が空いちゃった！

右手の親指が切れちゃった

種明かし！　2本の親指をくっつけてました

学級レク

鼻と耳をつまんで歌おう！

ねらい

耳や鼻をつまんで歌を歌う活動を通して，ただ歌うのとは違うおもしろさを演出する。

❶4拍子の歌を歌いながら，手拍子をします。

❷右手で左の耳をつまみ，左手で鼻をつまみます。

　（歌は歌い続けます）

❸また，歌を歌いながら手拍子をします。

❹ ❷とは逆に左手で右の耳をつまみ，右手で鼻をつまみます。

❺だんだんスピードを上げたりしながら，❶～❹を繰り返します。

　耳と鼻をつまむ歌遊びです。鼻をつまみながら歌を歌うので，鼻声で歌う部分がおもしろく，盛り上がります。

　4拍子の歌ならどんな曲でもできるので，選曲の幅もあり，学級レクリエーションで行うと，ただ歌を歌うよりも断然盛り上がります。

　隣の子とお互いに顔を見合って行うと，鼻をつまむポーズや鼻声がおもしろく，さらに盛り上がります。

　左右の手をクロスさせ，交互に逆のことをするので，こんがらがってしまうかもしれませんが，そこもおもしろさの1つです。頭の体操としても楽しんで行ってください。

❶歌を歌いながら手拍子

❷耳，鼻をつまみながら歌い続けます

❸また普通に歌を歌いながら手拍子

❹今度は左右を入れ替えて

鼻をつまんだときの鼻声がおもしろい！

学級レク

催眠術で，
指がくっつく，くっつく…

ねらい

自然に動いてしまう身体の不思議を体験させる。

❶「今から催眠術を行います」と教師が言います。すごいことをやりそうな
雰囲気で言うのがポイントです。

❷「両手の指を組み合わせてください」。教師が手本を見せながら説明を進
めます。

❸「両手の人差し指を伸ばします。人差し指の間にはすきまを開けます」

❹「人差し指と人差し指の間を見つめながら，『くっつけ～，くっつけ～』
と念じます」。いかにも催眠術のような口調で行うことが大切です。

❺子どもの人差し指がどんどん近づいていき，ついにくっつきます。

❻「『離れるな～，離れるな～』と念じてみましょう。くっついたまま離れ
なくなります」

　学級レクリエーションの時間に，一瞬でできるひとネタです。

　両手の指を組んで人差し指を伸ばすと，指の筋肉の緊張で，人差し指がだ
んだんとくっついてきます。それを催眠術と称し，「くっつけ～，くっつけ
～」と念じることで，本当に催眠術でくっついてしまったと子どもに思い込
ませます。

　活動の後は，「筋肉の緊張でくっついてしまうよ」と種明かしをしてもよ
いですし，そのまま「不思議だね」とおさめてしまってもかまいません。

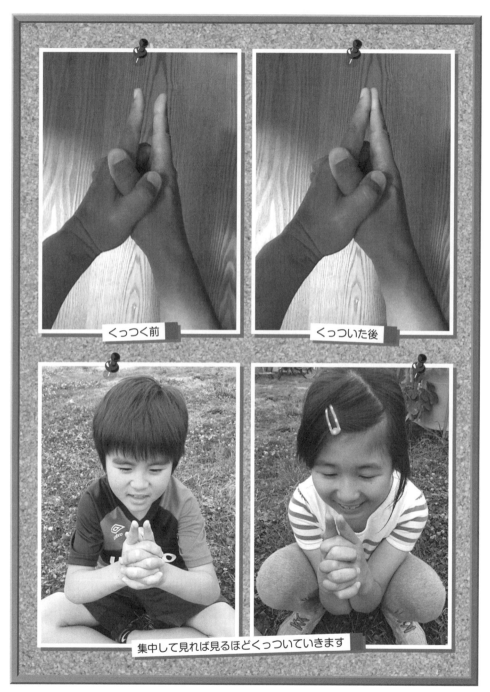

くっつく前

くっついた後

集中して見れば見るほどくっついていきます

学級レク

あら不思議，
1本の指が2本に見える！

ねらい

錯視に基づくちょっとした目の運動で，教室の雰囲気を盛り上げる。

❶指1本を寄り目にして見つめます。目と指の距離は30cmぐらい離すよう
にします。

❷指が2本に見えることを確認します。そして，近づけたり，遠ざけたりし
ても指が2本に見えるかを確認します。

❸指2本を寄り目で見つめます。指が4本に見えるかの確認をして，近づけ
たり，遠ざけたりして指を見ます。

❹右手の人差し指と左手の人差し指の先を合わせます。合わせた場所をじっ
と見つめると，右ページ下の写真のように見えてきます。

　指を立てて，一定の距離から寄り目にして見つめると，本数が増えて見え
ます。

　道具も準備も必要なく，一瞬でできるわりに，子どもの食いつきがとても
よいので，学級レクリエーションでの教師からのちょっとした出し物として
おすすめです。子どもたちは，

　「見えた，見えた！」

　「おもしろい！」

　「あれ〜，不思議…」

など様々な反応を示し，教室が楽しい雰囲気に包まれます。

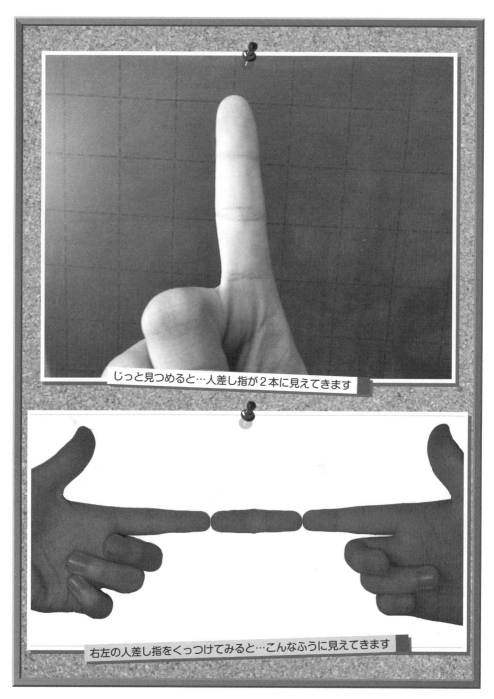

じっと見つめると…人差し指が2本に見えてきます

右左の人差し指をくっつけてみると…こんなふうに見えてきます

学級レク

なんで水は
こぼれないの !?

ねらい

逆さにしたコップから水がこぼれない様子を見せることで，自然現象の不思議さに関心をもたせる。

❶ボウルに水を張ります。

❷ボウルに網お玉を入れ，水を入れたコップを逆さに立てます。

❸網お玉とコップを持ち上げても，網目から水がこぼれません。

　学級レクリエーションで，教師がちょっとした出し物をする際，手品感覚で使えるネタです。

　普通の状態で，水を入れたコップを逆さにすると，中の水はこぼれます。網お玉の上に逆さにコップを立てたときも，子どもたちは当然水がこぼれると思います。ところが，水はこぼれず，子どもたちは驚きます。

水がこぼれない理由

　網目のところでは，「表面張力」という力が働いています。表面張力によって，水同士がお互いに引っ張り合っています。また，大気圧が水を下から押し上げているので，網目から水がこぼれません。

　単なる手品で終わるのではなく，このように簡単にメカニズムを教えてあげると，自然現象に興味・関心をもつ子が出てきます。

コップを逆さにしても水がこぼれない！

網の部分に表面張力が働いています

学級レク

宝はどこだ？

ねらい

ノートに書いた宝をとり合うゲームを行うことで，学級を楽しい雰囲気にする。

❶子どもたちは，ノートのマス目（６×６＝36マス）に宝を５つ書きます。絵に時間をかけないように，◎で十分です。教師は待っている間に黒板に同じマス目をかきます。横のマスの一番上にア，イ，ウ，エ，オ，カと書き，縦もマスの一番左に１，２，３，４，５，６と書きます。

❷準備ができたら始めます。教師が「アの１」と言ったら，子どもたちは，その場所に×をつけます。そこに宝があったら，宝は教師にとられてしまいます。これを10回くらい繰り返します。

❸終わったら，結果発表です。「宝が５つ残った人は，手をあげて」と言って人数を数えます。宝が多く残っている子の勝ちです。

ノートのマス目を使って行う簡単な宝探しゲームです。子どもたちが宝を隠し，教師が見つけます。学級レクリエーションなどで行うと，短時間で学級を楽しい雰囲気にすることができます。

学年や学級の子どもの実態，時間によって，マス目の数や宝の数，教師がとるマスの数などは，自由に変えることができます。

１年生では，算数「なんばんめ」の学習として，「上から○番目。右から○番目」というやり方で行うこともできます。

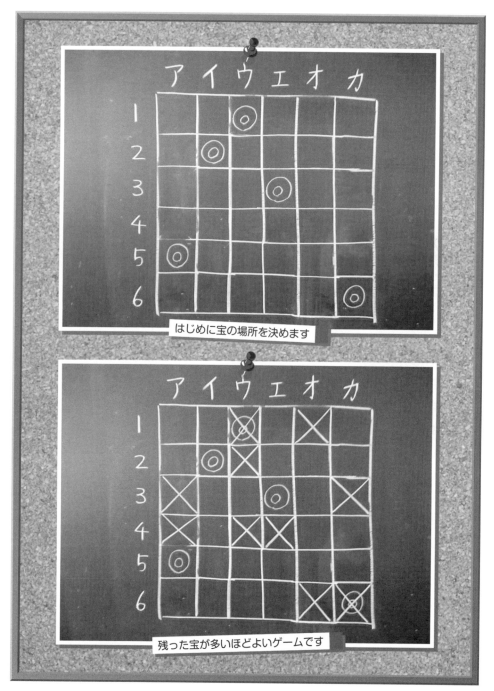

はじめに宝の場所を決めます

残った宝が多いほどよいゲームです

遠足

お題の数で集まろう！

ねらい

答えを相談しながらグループをつくる活動を通して，より多くの仲間をつくることができるようにする。

❶教師がお題を発表します。

（例）

・地球で一番大きな哺乳類の名前の文字数

・九州の県の数

・全学年のクラスの数

・乗ってきたバスのタイヤの数

❷子どもたちは，そのテーマに合う人数で集まって，グループをつくります。制限時間は，問題に応じて決めます。

　新年度はじめの遠足などの際，学年全体で，広い場所で行うことがおすすめの活動です。

　お題は，うまくグループができるように（グループに入れない子が出ないように）するのが基本ですが，どうしてもきれいに数がそろわないときは，入れなかった子に次のお題を出させたりしてもよいでしょう。

　「必ず全クラスの子が入るようにグループをつくろう」「男女混合チームをつくろう」など補助的な設定も加えると，より多くの友だちと交流することができます。

答えを考えながら，その人数でグループをつくります

男女混合チームが上手にできたときはたくさんほめましょう

遠足

まねっこヨガで
リラックス！

ねらい

遠足の休けい時の広場での気分転換や，宿泊訓練やキャンプの朝の体操として，短時間で楽しみながら身体と心をほぐす。

❶立木のポーズ

ヨガのバランスのポーズの中でも代表的なものです。真っ直ぐ「気をつけ」の姿勢から，片足を折り曲げ，太ももあたりにつけます（曲げた足の位置が膝のあたりになってしまうと怪我の元になってしまうので気をつけてください）。下半身が安定したら，両手をあげて頭上で合掌します。ゆっくり5呼吸ぐらいキープできるとOKです。

❷鶴のポーズ

一般的に言う「かえる倒立」です。床に両手をつけます。肘を曲げ，二の腕に膝を乗せます。2本の腕だけで身体を支え，バランスを取ることになります。足の裏を合わせることができたら◎。

無理せず程よく身体をほぐすことができる運動としておすすめなのが「ヨガ」です。遠足で訪れた広場や公園などでヨガをすると，リフレッシュできます。はじめに，まわりの子とぶつからないように広がります。そして，教師がヨガのポーズをとり，それを子どもがまねします。上で紹介したもの以外にもたくさんのポーズがあり，様々なポーズを楽しむことができます。

立木のポーズ

鶴のポーズ

下向きの犬のポーズ

コブラのポーズ

遠足

押して引いて，
バランスくずし！

ねらい

身体と頭を使いながら，友だちとの心の距離を近づけさせる。

❶手合わせで

①2人1組で向かい合わせになり，約30cm 離れる。

②両方の手のひらで，押したり引いたりしながら相手のバランスを崩す。

③足が動いてしまったらアウト。

※さらに，片足を上げて対戦するバージョンは，難易度がグッと上がります。

❷握手をして

①2人1組で向かい合わせになり，約30cm 離れる。

②片手を握手して，押したり引いたりしながら相手のバランスを崩す。

③足が動いてしまったらアウト。

　体と体が触れ合うシンプルなゲームですが，腕力のある子ばかりが勝つわけではなく，フェイントなどの作戦もモノを言うので，子どもたちにも人気です。

　勢いあまって転倒することがあるので，遠足などで広く柔らかい原っぱに行ったときの遊びとしておすすめです（もちろん教室でもできますが，安全には十分注意してください）。

力で押すだけでは勝てないのがおもしろい遊びです

握手バージョン

授業はじめのアイスブレイク／国語

ジャンケンバトルで
漢字を復習しよう！

ねらい

グループで，筆順に気をつけながら楽しく漢字の復習を行う。

❶4，5人のグループをつくります。

❷グループで書く順番を決めます。

❸最初の子が，教師と一斉にジャンケンをします。

❹勝ったら，お題の漢字を一画だけ書いて，次の子と交代します。負けたら，何も書かないで交代します。

❺次の子も同じようにジャンケンをし，勝ったら前の子が書いた続きの一画を書きます。

❻一番早く漢字を完成させたグループの勝ちとなります。

　国語の授業の導入で，前時に習った新出漢字を，楽しく復習するアイデアです。グループで取り組むことによって，筆順をみんなで確認し合う場になります。思いっきりジャンケンをしながらできるので，子どもたちはいつも大喜びです。

　右ページ下の写真のように，机を後ろに下げ，黒板を使って行う方法が盛り上がりますが，机移動の時間を省きたい場合，席をグループごとに向かい合わせ，ホワイトボードに書かせて行うこともできます。

学級の実態に応じて，黒板の上部に手本を示します

ジャンケンの相手は，子どもに任せてもOK

授業はじめのアイスブレイク／算数

たし算じゃんけんをしよう！

ねらい

じゃんけんをしながら瞬時にたし算をすることを通して，楽しみながら計算の習熟を図る。

❶「じゃんけんぽん！」で手を出します。

❷全員が出した指の本数を瞬時に計算します。

❸一番最初に答えを叫んだ人が勝ちです。

　じゃんけんをして，出した指の数の合計を瞬時に答えた人が勝ち，という単純なゲームです。

　基本的には低学年向けですが，瞬時に計算をしなければいけないので，高学年でやっても意外によい頭の体操になります。

　ゲームは2人から対戦できますが，人数が増えるにつれて計算が難しくなるので，学級の実態や学年に応じて難易度の調整がしやすいのも魅力の1つと言えます。

　また，低学年から高学年まで楽しんでできるゲームなので，他学年との交流レクリエーションなどにもおすすめです。

　少し時間に余裕がある場合には，何回戦か勝負をして，一番勝率のよい子が集まってクラスのチャンピオンを決めても盛り上がります。

２人ともパーなので，先に「10」と言った方が勝ちです

グー，チョキ，パーだけでなく，指１本や３本などもＯＫにしています

授業はじめのアイスブレイク／音楽

リズムに乗って，教室行進！

ねらい

拍に合わせて様々な行進をすることを通して，リズムを刻む楽しさを味わわせる。

❶教師を先頭に，教室の中に1列に並びます。

❷音楽を流し，足踏みをします。腕を振ると行進している感じが出ます。

❸行進をスタートします。教室中を1列で歩き回ります。

❹「曲がり角にきたら後ろ歩き」など，ポイントを決めて様々な歩き方をします。

（例）・しゃがみながら行進　　　・手を振りながら行進

　　　・ケンケンで行進　　　　　・回転しながら行進

　　　・スキップで行進　　　　　・サイドステップで行進

　　　・ツーステップで行進　　　・かに歩きで行進

　　　・つま先立ちで行進　　　　・両足ジャンプで行進

　教室をクラス全員一列で歩き回ります。ふだん見慣れた教室も音楽に合わせてみんなで行進すると，冒険するようなわくわくした気持ちになります。

　ある場所にきたら「こんにちは！」や「ヤッホー！」と叫んだり，教師の机の下や音楽室であればピアノの下に潜ったりするのもおもしろいでしょう。

　音楽の授業の最後に行うと，音楽室から教室まで行進して帰ることもできます。

腕を大きく振って行進

手を上に振りながら行進！　音楽に合わせることがポイントです

授業はじめのアイスブレイク／音楽

指回しで
ウォーミングアップ！

ねらい

特定の指だけ独立した動きをさせることで，リコーダーや鍵盤ハーモニカを演奏する際にスムーズに指を動かせるようにする。

❶両手の指と指を合わせます。

❷親指だけ離し，クルクルと回します。だんだん速く回していきます。逆回しもやってみましょう。

❸同様にして，人差し指，中指，薬指，小指と順番に回していきます。

❹人差し指と薬指を同時に回します。

❺中指と小指を同時に回します。

　音楽の授業で，リコーダーや鍵盤ハーモニカの練習をする前に行うとよいウォーミングアップで，指が動きやすくなります。

　特定の指だけ分離した動きをさせることが，リコーダーや鍵盤ハーモニカの運指をスムーズにすることにつながります。

　はじめは，ゆっくり大きく回すようにします。指と指がぶつからないように，手を大きく開くことがポイントです。

　指回しには脳の活性化などにも効果があると言われているので，授業の前に頭をすっきりさせるという意味でも効果を期待できるウォーミングアップです。

普段あまり使わない小指は特によい練習に

慣れたら2本まとめて回します

音楽だけでなく，脳の活性化に幅広く使えます

授業はじめのアイスブレイク／音楽

和音当てゲームをしよう！

ねらい

楽しみながら，和音感覚を身につけさせる。

❶教師がピアノで「ドミソ」を弾きます。和音で一斉に弾くのではなく，一音ずつ重ねて弾くと，子どもたちも聞きやすくなります。そして，「この和音が聞こえたら，人差し指を1本あげます」と指示します（ドミソが1（Ⅰ）の和音だからです）。

❷同様に「ドファラ」をピアノで弾き，「この和音が聞こえたら，4本指をあげます」と指示します（ドファラは4（Ⅳ）の和音です）。

❸同様に「シレソ」をピアノで弾き，「この和音が聞こえたら，パーの手をあげます」と指示します（シレソは5（Ⅴ）の和音です）。

❹ランダムにⅠ，Ⅳ，Ⅴの和音を教師が弾き，子どもはその和音がどれかを当てます。

❺慣れてきたら，一音ずつずらしていた和音を同時に弾きます。

5年生の音楽では和声の学習が出てきます。そこで，ゲーム形式にして和音感覚を鍛えましょう。すぐにはわからなくても，毎時間少しずつ行うと，聞き取れるようになってきます。

他にも，コードを当てるバリエーションもあります。長三和音（ドミソなど），短三和音（ラドミなど）を弾き，明るい和音と思ったらパー，暗い和音だと思ったらグーというように行います。

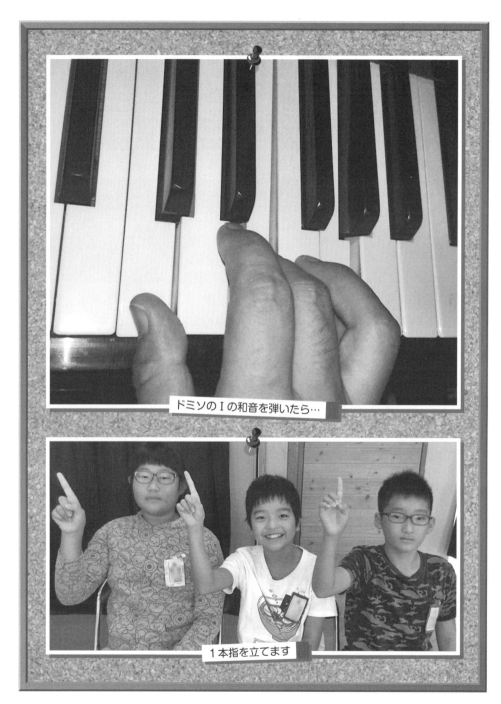

ドミソのⅠの和音を弾いたら…

1本指を立てます

授業はじめのアイスブレイク／体育

2人組で身体と心をほぐそう！

ねらい

適度に負荷がかかる気持ちよいストレッチを通して，身体と心の両方をほぐす。

❶背中合わせで

①足を伸ばし，背中合わせで腕を組んで座ります。

②腕を組み，背中合わせのまま2人で協力して立ち上がります。2人同時に力を入れるのがコツです。

③立ち上がれたら，今度は座ってみます。

❷2人が重なって

①2人組をつくります。

②1人が膝を曲げ，右ページ下の写真のように伏せます。

③もう1人が伏せた子どもに座ります。

④座った子どもが手足を伸ばし，ブリッジのような形になります。

⑤伏せている子どもは身体を揺すります。上に乗っている子どもは力を抜いて身体を伸ばします。

　遠足での長時間のバス移動後や，体育の授業の体ほぐしにおすすめです。

　身体が適度に気持ちよくなる運動で，触れ合う面積が広いので，心もほぐれます。

足を伸ばして，背中合わせで座ります

うまく立てるかな…

気持ちよく脱力します

授業はじめのアイスブレイク／体育

膝さわり相撲で
はっけよい，のこった！

ねらい

ルールを限定した相撲によって，適度な触れ合いを楽しみながら，身体をほぐす。

❶２人組になります。

❷右手で握手をします。

❸「はっけよい，のこった！」の合図で試合開始。

右手は握手したままの状態で，左手で相手の膝を触った方が勝ちです。

相撲の禁じ手と同様，髪の毛をつかんだり，蹴ったり，目つぶしなどは禁止です。

❹続いて，手を変えて２回戦を行います。

手押し相撲，ケンケン相撲などのような，相撲遊びの１つです。

接触がそれほど多くなく，必ずしも身体が大きかったり，力が強かったりする方が勝つわけでもないので，男子と女子で一緒に楽しむことができるのが魅力です。

道具も不要なので，体育の授業のウォーミングアップとして短時間で行えるほか，学級レクリエーションでリーグ戦やトーナメント戦を行うこともできます。

握手をして，はっけよい…

勝負あり！

授業はじめのアイスブレイク

無意識の活動を意識してみよう！

ねらい

ふだん無意識に行っている行動や活動に関心をもたせる。

❶脈を調べよう（脈拍）

①手首で脈のはかり方を教えます。

②10秒間に何回脈を打つか数えます。

③体を1分間激しく動かし，脈の回数を調べます。

❷息を止めて音読しよう（呼吸）

①全員をその場に立たせます。

②教師の合図で息を止めます。

③息を吸わないで，音読をどこまで読み進められるか競います。

④息を吸ってしまったら座ります。

❸おでこを押さえられて，立てるかな（起立）

①2人1組になります。1人はいすに深く腰掛け，もう1人は座っている人のおでこを指先で軽く押さえます。

②重心を前にずらすことができないので，立つことができません。

　授業の導入のちょっとした時間にできる，ふだん無意識に行っている行動や活動に関心をもたせる活動です。

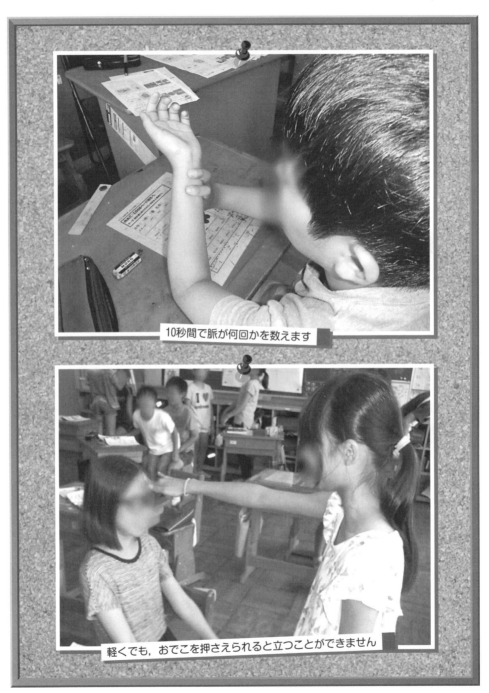

10秒間で脈が何回かを数えます

軽くでも，おでこを押さえられると立つことができません

授業はじめのアイスブレイク

ジェスチャーで思い出そう！

ねらい

前の時間に学習したことを，ジェスチャーを見ながら振り返る。

❶教師が「昨日の授業で学習したことをジェスチャーで表します。なんのことを表しているでしょう？」と投げかけ，動作をします。

（例）

・漢字（空書きした漢字が，どんな字か当てる）

・書写（ジェスチャーを見て，横画，たて画，はらい，そりなど，どの点画か当てる）

・仕事の内容（社会科見学で訪れた先の働く人の様子を再現し，どんな仕事だったか当てる）

❷わかった子は，挙手して端的に答えます。

❸何回か教師が行ってコツをつかんだら，出題も子どもに任せます。

　授業の最初に，前の時間に学習したことを思い出させたいときの，ちょっとした工夫です。ジェスチャーでクイズ的に振り返ることで，学習した内容を楽しく思い出すことができ，意欲を高めることができます。

　もちろん，どんな学習内容でもジェスチャーで表現できるわけではありません。漢字などの端的な文字表現や動作で内容が推測できる活動などがおすすめです。

どの点画かジェスチャーを見て当てます

見学したことや行事での出来事をジェスチャーで再現します

授業はじめのアイスブレイク

キーワードで
消しゴムキャッチ！

ねらい

ゲーム的な要素を取り入れながら，楽しく学習内容を定着させる。

❶隣の人と机を合わせ，真ん中に消しゴムを置きます。

❷前時の学習用語（内容）を教師→子どもの順で発声します。

（例）・消化器官，だ液，食道，胃，小腸，大腸，肛門

・新出漢字の音読み，訓読み　など

❸その中から，教師がキーワードを告げます。

（例）・「小腸」がキーワードです。

・漢字ドリル○ページの「飛ぶ」がキーワードです。

❹教師が再び学習用語（内容）を読み上げていきます。キーワード以外の場合は，子どもたちはその言葉を繰り返します。

❺キーワードが出たら，相手よりも素早く消しゴムを取ります。早く消しゴムを取った方が勝ちです。

　学習内容を楽しく定着させるための，ちょっとした工夫です。

　たくさんの学習用語が出てくる教科，単元等で行うのがおすすめです。また，間違えやすい用語や内容をキーワードにします。子どもは勝負に気を取られがちなので，キーワードについて大事なことや間違えやすいことをしっかり押さえます。

　手を出したのが同時だったら，ジャンケンで決着をつけます。

隣の人と机を合わせ，真ん中に消しゴムを置きます

キーワードが出たら，消しゴムをキャッチ！

授業のすきま時間

まねして拍手で
集中力を取り戻そう！

ねらい

教師の拍手するリズムをまねして拍手することを通して，いったん途切れた集中力を取り戻す。

❶「まねしてください」と子どもたちに投げかけ，【パン・パン・パン】と拍手をします。

❷子どもたちは教師の拍手した通りにまねをします。【パン・パン・パン】

❸【パン・パ・パ・パン】など，リズムや拍数を変え，変化をつけます。

❹よく聞いて拍手している子を認める声かけをします。うまくできなかった難易度の高いリズム拍手の時は，何度か繰り返しやってみます。

❺最後に，教師が「手は，おひざ」【パン・トン】とすると，子どもたちも【パン・トン】とまねして，【トン】のところでひざに手を置き，聞く姿勢をつくります。

　授業の途中で，子どもたちが少し集中を欠いてきたときに行うとよい効果を生む活動です。

　教師と子どもたちが向かい合い，教師の拍手のリズムを子どもたちがまねします。リズムを変えたり，拍手する数を変えたりして，楽しみながら集中力を取り戻させることができます。

　学習に向かう姿勢づくりという意味で，授業の導入でもおすすめです。

拍手をよく聞いて…

最後は聞く姿勢になっておしまい

授業のすきま時間

ハンカチをよく見て
拍手をしよう！

ねらい

投げられたハンカチをよく見て拍手をすることを通して，集中力を高めたり，取り戻したりする。

❶教師がハンカチを用意します（ハンカチは，タオル地のようなものでなく，スカーフのような，素材が軽くふわふわと空中に浮くものを用います）。

❷「一度練習をしますよ」と言って，はじめに練習をします。教師がハンカチを投げ上げ，手から離れたらすぐに拍手を始めることを徹底させます。よく見て拍手している子を認める声がけをすると，学級全体の集中が高まってきます。

❸「本番です」と言って，ハンカチに集中させてから始めます。4〜5回程度は普通に投げ，拍手する感覚をつかませます。

❹子どもたちが少し慣れてきたところで，高く投げてみたり，低く投げてすぐにキャッチしたりするなど変化をつけます。また，投げるふりをして投げないということもします。だまされて，つられて拍手をしてしまう子がいて，笑いも起こり，楽しく集中する時間をもつことができます。

　教師と子どもたちが教室で向かい合ってできる活動です。ハンカチを投げるタイミングを変えたり，ハンカチを投げるまねをしてだましたりすることで，楽しく集中力を高められます。

ハンカチをよく見て～…

わっ，だまされた！

リーダーの動きに
注目して拍手しよう！

ねらい

リーダーの手の動きに合わせて拍手をする活動を通して，子どもの注目を教師に集める。

❶リーダーは，片手を水平に，もう一方の手を上にあげます。

❷「上の手のひらが下の手のひらと重なったときに拍手します」と子どもに説明します。

❸リーダーは，上にあげている手を少しずつ下げていきます。水平になった手のひらと重なったとき子どもは拍手をします。

❹下げた手のひらをまた上にあげます。このときも両手が重なったタイミングで子どもは拍手をします。

❺手を上下させるたびに子どもは拍手をします。最初はゆっくり，だんだんと速くしていきます。

❻重ねる直前で止めるなど，フェイントをかけると盛り上がります。

　リーダーの手の動作に合わせて拍手をするという簡単なゲームです。授業中子どもの集中力が切れてきたときや，集会の最初に子どもがざわついているときにサッと始めます。

　ルールを聞いていない子どもも，まわりを見てすぐにできます。

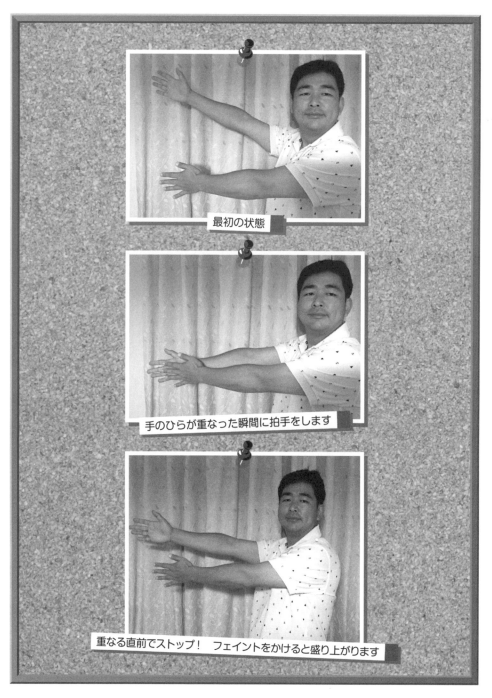

最初の状態

手のひらが重なった瞬間に拍手をします

重なる直前でストップ！　フェイントをかけると盛り上がります

授業のすきま時間

体が軽くなる
マッサージをしよう！

ねらい

簡単にできるマッサージを通して，腕の疲れをとったり，体をほぐしたりする。

❶左手で右腕をぐっと握り，左右に何度かひねります。骨と肉を離すような感じです。

❷左手で右の二の腕（上腕）を握ります。左手は固定し，右腕をワイパーのように振ります。

❸左手で右の脇の下を深く握ります。ゴリゴリ少し痛いぐらいマッサージします。

❹左手で右側の肋骨のまわり（胸部や脇）をマッサージします。これも肋骨から肉を離す感じです。

❺左の人差し指と中指で，右の鎖骨を押しながら擦ります。

❻右手と左手を上下に振ってみると，マッサージした右手の方が軽く感じるはずです。

❼同様に反対側も行います。

　いつでも，どこでも行うことができますが，長時間の書く活動を伴う授業などで，少し休けいを取りたいときなどにおすすめです。ポイントは❻で，違いを体感すると，心理的な効果も増大します。

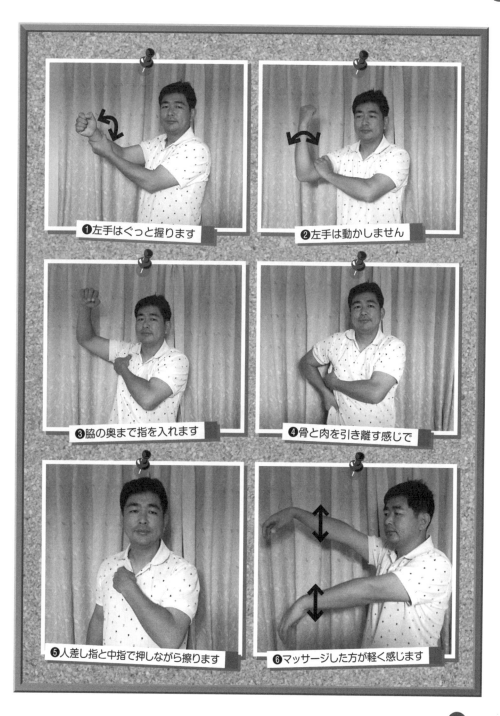

❶左手はぐっと握ります

❷左手は動かしません

❸脇の奥まで指を入れます

❹骨と肉を引き離す感じで

❺人差し指と中指で押しながら擦ります

❻マッサージした方が軽く感じます

授業のすきま時間

シーンタイムで
静寂を体感しよう！

ねらい

静寂を体感し，耳を澄ますことを覚えさせる。

❶「シーンタイムをします。教室の好きな場所に行ってください」と指示を出します。

❷「静かにできるポーズをとってください」と言います。子どもたちは，寝転がったり，座禅の姿勢をとったりします。

❸「では今から始めます。少しでも音がしたら終わりです。よーい，始め！」

❹子どもたちはじっと静かにしています。少しでも声がしたり，動いた音がしたら「音がしました。終わりです。席に着きます」と指示をします。

　音楽の授業で大切なことの１つが，静寂をつくることです。曲の始まる前，終わった後は静寂です。そういったことを踏まえ，心を落ち着かせ，耳を澄ます訓練を楽しくするための活動です。準備も何もなくできて，子どもに人気があります。

　大切なことは，少しでも音がしたら，ためらわずやめてしまうことです。「今日は３秒しかできませんでした」でもかまいません。また次の授業の際に子どもたちからやりたいという声が上がります。数回で１分ぐらいできるようになります。長い時間できるようになったら，「今日は２分続きました。すばらしいですね。席に着きましょう」と終わらせます。

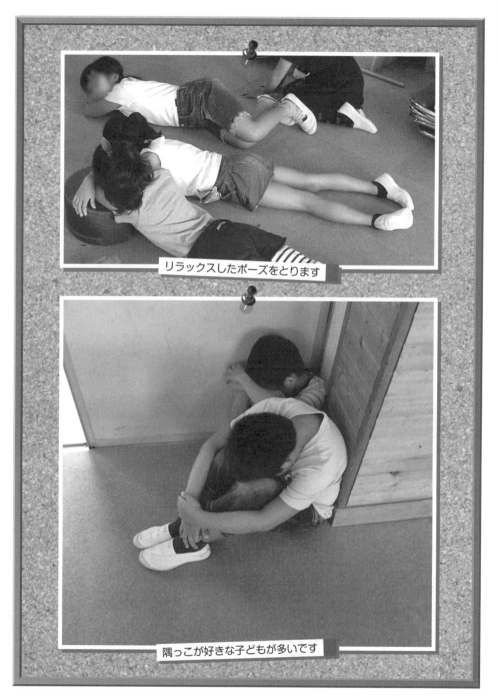

リラックスしたポーズをとります

隅っこが好きな子どもが多いです

授業のすきま時間

....

リズムに乗って
指差そう！

....

ねらい

矢印に従って手を動かすことで，気分転換を図る。

❶黒板に矢印をかきます。例えば，「→」「←」「↑」「↓」などです。

❷教師の動きに合わせて，子どもも手を動かす（指差しする）ことを教えます。教師は，指示棒などで，矢印を指します。

❸子どもたちも，教師の動きに合わせて同じ方向に手を動かします。最初はゆっくりと行い，やり方を理解させます。

❹慣れてきたら，教師は４拍子や３拍子のリズムに合わせて，指示棒を動かします。

例えば，３拍子のリズムの場合，以下のようになります。

１拍目…………教師が指示棒で矢印（↑）を指す。

２拍目，３拍目…子どもたちが教師の指した矢印の方向へ手を動かす。

トン（教師↑），トン（子ども↑），トン（子ども↑），トン（教師→），トン（子ども→），トン（子ども→）…

❺３拍子のテンポをだんだん速くしていきます。

　授業中，子どもたちに疲れが見え始めたときや，少し緊張を解きたいときにおすすめの，ごく単純な活動です。目と手の供応動作をしながら体を動かすことで，よい気分転換ができます。

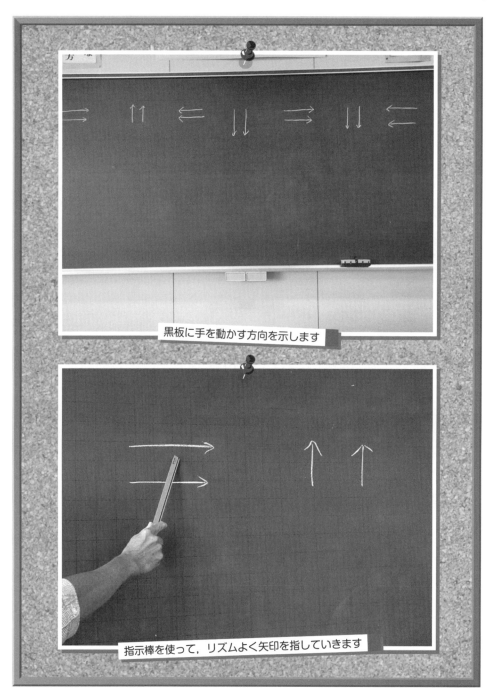

黒板に手を動かす方向を示します

指示棒を使って，リズムよく矢印を指していきます

授業のすきま時間

あなたの利き目はどちら？

ねらい

離れたところを見ながら，自分の利き目を確かめることを通して，気分転換を図る。

❶クラス全員，自分の利き手で挙手します。

❷「手と同じように，目にも右利き，左利きがあります。自分の目は，右利き，左利きのどちらだと思いますか？」と尋ねます。

❸目の右利き，左利きの見分け方を説明します。

　　1　両目で遠くの目標を両手でつくった輪の中に入れる。

　　2　片目を順番につぶると，遠くの目標物が輪の中央にある場合と，輪の中央にない場合がある。

　　3　輪の中央にある目が利き目になる。

❹「このクラスの人たちの利き目は，右利き，左利きのどちらが多いと思いますか？　では，全員挙手をしてもらいます」

　ほとんどの子どもは，自分の利き手がどちらか知っていますが，手と同じように，目にも「利き目」があることは知りません。

　少し離れたところを見るので，書く活動を長時間行う際の，ちょっとしたリラックスタイムとしておすすめです。

両手で輪っかをつくります

片目で見たとき，目標物がより中央に見える方が利き目です

授業のすきま時間

1分間を体感しよう！

ねらい

　1分間を心の中だけで数えさせることを通して，普段指示されるだけ の時間の長さを体感させる。

❶ストップウォッチやデジタル時計を用意します。

❷子どもは机に伏せ，目をつぶります。

❸教師が「よーい，スタート！」と言ったら，子どもは1分（60秒）を心の 中で数えます。

❹1分経ったと思ったら手をあげ，目を開けます。

❺全員が手をあげた時点で終了。ジャスト1分で手をあげた子がいたらみん なの前で称賛します。

　授業の中で，「これから○分間で…をしてください」という指示を出すこ とは少なくありません。その中でも特に多いのが，「1分間」ではないでし ょうか。

　そういった場合，時間の管理をするのは教師ですが，子どもにも1分間と いう時間が実際にどれぐらいの長さなのかということを，ちょっとした気分 転換もかねて体験してもらいます。

　時計を見ることなく，心の中だけで正確に時間を計るのは大人でも結構難 しいものです。とっても早く手をあげてしまう子，いつまでも伏せている子 などがいて，笑い声が自然にあふれます。

机に伏せ，目をつぶって１分を計ります

立っていて，１分経ったら座るバージョン

授業のすきま時間

硬貨の大きさ，覚えてる？

ねらい

ふだん使っている硬貨の大きさを再現させることで，見慣れているものでも，見ているようで実はよく見ていないことに気づかせる。

❶教師から説明をします。

「これから，頭の体操をします。五百円玉，百円玉，十円玉，一円玉の大きさと同じだと思う丸をかきましょう。時間は２分です」

❷かく紙を配ったらスタート。

❸終わったら，実物の直径を測りながら答え合わせをしましょう。

　授業中の気分転換におすすめのちょっとした活動です。

　子どもたちも普段の生活の中で目にする機会が多い硬貨。しかし，それぞれの硬貨がどれくらいの大きさなのか，どの硬貨の方が大きい or 小さいのかなどはかなり曖昧です。

　そこで，紙に自分で実際の硬貨と同じ大きさだと思う丸を書いてもらいます。実際に書いてみると，実際と全然大きさが違うので，「ええっ，こんなに小さかったの!?」などと自然に声が上がります。

　ちなみに，大きさの順番で間違えやすいのが百円玉と十円玉で，百円玉の方を大きくかく子が多いのですが，実際には１mm 程度十円玉の方が大きくつくられています。

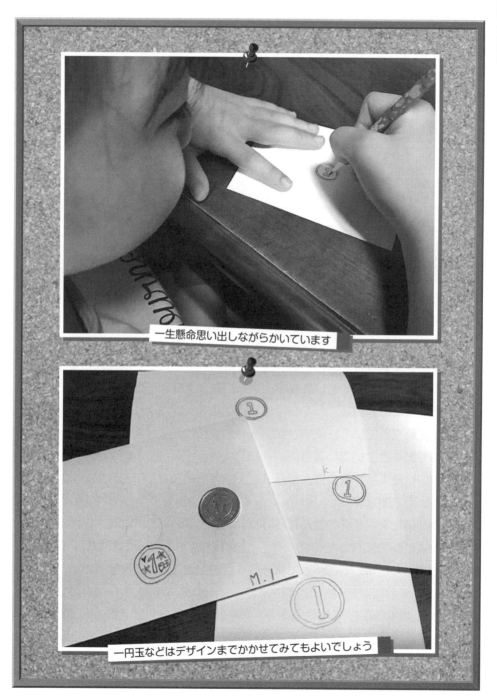

一生懸命思い出しながらかいています

一円玉などはデザインまでかかせてみてもよいでしょう

ひらがなビンゴゲームを しよう！

ねらい

ビンゴゲームを通して，ひらがなをたくさん書く練習をしたり，慣れ親しんだりできるようにする。

❶ひらがな五十音の中から自分の好きな文字を選び，ノートのマスの中（４マス×４マス）に書きます。ひらがな五十音表を教室に掲示しておくと，いろいろな字を選ぶようになります。ゲームに慣れ，書く時間が速くなったら，５マス×５マスにします。子どもの実態に応じて変えましょう。

❷教師が選んだ文字を言いながら，黒板に書きます。その文字が書いてあったら，文字に赤鉛筆で○をつけます。ここをテンポよく行うことが大切です。全員立っていて，文字がない子や○をつけた子は座るなどのルールを決めておくとよいでしょう。

❸○のついた文字が３つ並んだら（縦，横，斜め，どこでもよい）「リーチ」と言って立ちます。

❹○がついた文字が４つ並んだら「ビンゴ」です。

❺「５人ビンゴになったら終わり」「５分経ったら途中でも終わり」など，はじめから説明しておくと，気持ちよく終わることができます。

　１年生向けの国語（ひらがな）の学習ゲームです。

　マスの中（４マス×４マス）に自分の好きなひらがなを書き，教師の言った文字を消していくビンゴゲームです。

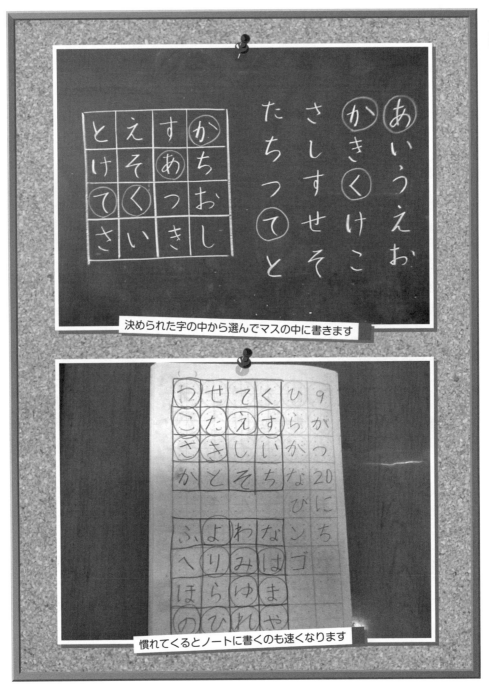

決められた字の中から選んでマスの中に書きます

慣れてくるとノートに書くのも速くなります

学習ゲーム／国語

五十音表の中から
たくさん言葉を見つけよう！

ねらい

言葉見つけゲームを通して，楽しく語彙を増やす。

❶ひらがな五十音のカードを黒板に貼ります。「を」は，１つの言葉には入らない文字なので使いません。

❷順番を決めて，五十音表から１文字ずつ選んで言葉を見つけていきます。選んだ文字は外し，五十音表の下に貼っていきます。一度使った文字は外してしまうので，次からは使えなくなります。

❸つくれる言葉がなくなった段階で終了します。ゲームに慣れてきたら，グループで競争したり，時間を決めて行ったりすると，いっそう盛り上がります。

ひらがな五十音表の中の「あ」から「ん」までの文字を使って，できるだけたくさんの言葉を見つける低学年向けの学習ゲームです。学級全体で考えたり，グループでいくつ見つけられるか競争したりしながら，楽しく語彙を増やすことができます。

言葉が見つからないときは，パスして次の人と交替するなどのルールを決めておくと，苦手な子も嫌がらずに参加できます。

カードを使わずに直接黒板に五十音を書き，使った言葉を×で消していく方法もあります。

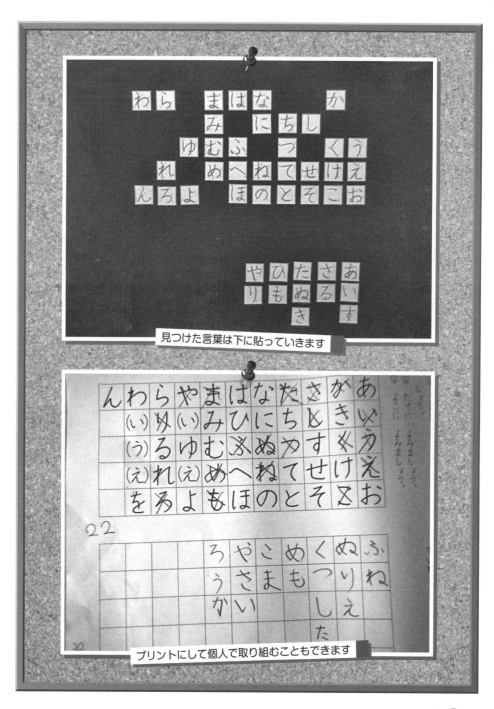

見つけた言葉は下に貼っていきます

プリントにして個人で取り組むこともできます

学習ゲーム／国語

目指せ，漢字チャンピオン！

ねらい

漢字に対する興味と，より多くの漢字を知ろうという意欲を高める。

❶「2分間でできるだけ多くの漢字を書くゲーム行います」と子どもに伝えます。

❷漢字を書くための用紙を配ります。

❸教師の「よーい，スタート！」の合図で始めます。30秒ごとに知らせ，最後の10秒は「10秒前，9，8，7 …」とカウントダウンします。

❹鉛筆を置き，全員起立します。出席番号順に，1文字ずつ書いた漢字を答えていき，教師は黒板にその漢字を板書していきます。

❺子どもたちは，黒板に書かれた漢字をチェックします。そして，自分の書いた漢字がすべて出てしまったら座ります。最後まで立っていた子どもが優勝です。

ポイントは，考える時間をなるべく減らし，手を動かすこと。

例えば「一，二，三，四，五，六，七，八，九，十」「日，月，火，水，木，金，土」などひと括りにできるものを書いたり，「机，筆，箱，窓，黒板」と目に映るものをどんどん書いたりするのも1つの作戦です。

一方で，書く数は少なくても，他の子がなかなかあげない漢字を書くという作戦もあり，これが知らない漢字を自学しようという意欲につながる子もいます。

万兆京
日日目自月火水氷木本
金土休体人入黒手足豆田中直
子下上右左申甲四匹糸氏動
物午午白赤青黄由竹笑箱
相正一二三四五六七八九十百千

ひと括りにできるものをあげていく派

山川 海原野 井口 目鼻耳頭手足指
戸塚 花桜 一二三四五六七八九十百千牛馬
枝藤 岡部 立島丘富士吉

名前や地名なども浮かびやすいところです

一 二 三 四 五 六 七 八 九 十 百 千 万 日月火水
木金土 桜梅青赤横大黒白里 東西南北
京田由甲旦旧申 春夏秋冬 静岡愛知 大小中
坂.販星道

継続して行うと，制限時間内に書ける漢字が増えてきます

間違い漢字・ダウトを探せ！

ねらい

　楽しみながら漢字の間違いを探す活動を通して，集中力を高め正しい漢字の定着を図る。

❶通常通りの新出漢字の練習をします。

❷教師は，子どもたちが書き取りの練習をしている間に，ホワイトボードに教えた漢字をたくさん書き，そのうち1つに間違えた字や違う漢字を書いておきます。

（例）

・「山」の中に「凸」

・「川」の中に「州」

・「林」の中に「森」

❸ホワイトボードを見せ，どの字が違うかを答えさせます。

「今日習った字の中で，どれか1つだけ間違えています。どの字でしょう？」と，ホワイトボードを短時間で見せます。

　漢字の学習は，単調になりがちです。そこで，間違い探しの活動を入れることで学習に変化をつけ，子どもたちの集中力を高めます。

　違う漢字を混ぜる場合，文字はタイピング（コピペ）して，プロジェクタで提示すると手軽です（存在しない字を混ぜる場合は，作字が大変なので，手書きの方が手軽です）。

間違いはどこにあるかな…

森 森 森 森 森 森 森 森 森
森 森 森 森 森 森 森 森 森
森 森 森 森 森 森 森 森 森
森 林 森 森 森 森 森 森 森
森 森 森 森 森 森 森 森 森
森 森 森 森 森 森 森 森 森

ＰＣで作成し，プロジェクタで提示するのが手軽

どこまで言える？
数字リレー

ねらい

順番に数字を言っていくシンプルな活動を通して，低学年の子どもの数の理解を促し，同時に集中力や聞く力を高める。

❶制限時間１分で，座席の順番に１，２，３，４，５…と数字を言っていきます。途中で数字を飛ばしたり，言い間違えたりしたら，やり直します。

❷その後，学級を２，３チームに分けて，どのチームが制限時間内に数を多く言えるかを競争します。対抗意識が出て，子どもたちの集中力がさらに高まります。

　座席の順番に１から数字を言っていく低学年向けのゲームです。簡単なので，すぐに取り組むことができます。自然に自分の順番が来るまで集中し，友だちの声を聞く力も身につきます。

　１年生のはじめのうちは，１から10までを繰り返したり，10から１に逆に進んだりする方法もあります。

　慣れてきたら，１から30まで，１から50まで，１から100まで…と，徐々にレベルを上げていきます。「２とび」「５とび」などといろいろなアレンジをすると，緊張感が持続します。

　バリエーションとして，アルファベットのＡからＺを順番に言っていく活動などは難易度が高いので，上学年で取り入れることもできます。

座席の順に数を言っていきます

順番は，縦だけでなく，横に動かすと活動に変化がつきます

学習ゲーム／算数

指を使って
「いくつといくつ」

ねらい

10の補数をすばやく答えることで，繰り上がりや繰り下がりのある計算が速く正確にできるようにする。

❶教師がパン，パンと2回手を叩いた後，両手の指で数を出します（両手がチョキなら4，片方がパーで片方がグーなら5，両手がパーなら10）。

❷子どもたちは，それを見て同じようにパン，パンと2回手を叩いた後に，両手の指で同じ数を出し，数を言います。何回か繰り返すとテンポよく言えるようになります。

❸「今度は，先生の出した数とみんなが出す数を合わせて10にします」
教師「パン，パン，7」　子ども「パン，パン，3」
教師「パン，パン，4」　子ども「パン，パン，6」

❹全員で一緒にやるだけでなく，列ごと，1人ずつなど，少しずつやり方を変えていくと緊張感が継続します。

❺3から9までの合成も同じようにできます。10の合成を行う前に慣れさせておくと，10の合成もすぐにテンポよくできるようになります。

　1年生のための算数の学習ゲームです。
　繰り上がりや繰り下がりのある計算が速く正確にできるようにするためには，10の補数が反射的に言えるようにしたいです。授業のちょっとした時間にこのゲームを入れると，楽しみながら練習することができます。

慣れるまでは同じ数を出します

慣れてきたら，たすと10になるようにします

出席番号で，倍数・約数ゲームをしよう！

ねらい

体を動かし，楽しみながら倍数や約数に習熟できるようにする。

❶倍数の場合

①「1の倍数の出席番号の人立ちなさい」と指示します。
（全員が起立します）
②「2の倍数の出席番号の人立ちなさい」「6の倍数の出席番号の人立ちなさい」…とランダムに指示を出しながら確認していきます。

❷約数の場合

「12の約数の出席番号の人立ちなさい」「36と24の約数の出席番号の人立ちなさい」…などと指示をして，確認をします。

❸公倍数，公約数の場合

「2と3の公倍数の出席番号の人立ちなさい」「6と8の最小公倍数の人立ちなさい」「35と14の最大公約数の出席番号の人立ちなさい」…などと指示をして，確認をします。

倍数や約数の学習をしているときにできる，ちょっとしたゲームです。体を動かし，楽しみながら習熟することができます。

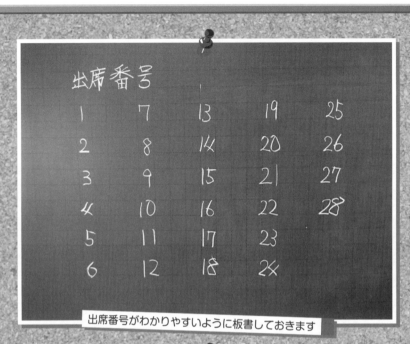

出席番号がわかりやすいように板書しておきます

自分の出席番号の時にパッと起立します

学習ゲーム／算数

リズムに乗って暗算しよう！

ねらい

手拍子を合わせて答えを唱える活動を通して，簡単な計算を楽しく習熟させる。

❶たし算・ひき算

例えば，黒板に「＋5」と書きます。そして「ぱん，ぱん」と教師が2回手拍子をすると，手拍子の数＋5の答え7を子どもたちが一斉に言います。手拍子の数を変えながらテンポよく行っていきます。

ひき算の場合，例えば黒板に「28－」と書きます。そして教師が3回手拍子をしたら，子どもは「25」と答えます。

❷かけ算

黒板に「×3」を書いて，「ぱん，ぱん，ぱん，ぱん」と4回手拍子をしたら，手拍子の数×4で答えは12になります。

低学年で，たし算・ひき算やかけ算を楽しみながら習熟させたいときにおすすめの学習ゲームです。学級全員で声をそろえて唱えることで，楽しい雰囲気が醸し出されます。

慣れてきたら，手拍子を速く打ってスピードを上げると，子どもはより集中して取り組みます。

黒板の数と手拍子の数をたしたものが答えです

学級全員で声をそろえて唱えることで，楽しい雰囲気に

学習ゲーム／外国語活動

英語トランプで
ヘビジャンケン！

ねらい

英語トランプを使って，「ヘビジャンケン」をすることで，身近なものを楽しみながら英単語を発音したり，覚えたりする。

❶チーム分けをします。男子チーム対女子チーム，出席番号偶数チーム対奇数チームなど，クラスを２分する分け方でもよいのですが，１チームの人数が増え，待ち時間が長くなるので，班対抗にしてすぐに順番が回ってくるようなチーム分けがおすすめです。

❷英語トランプを，机の上に20枚１列に並べます。

❸トランプの両端にそれぞれのチームが並び，「よーい，ドン」の合図でトランプの単語を１枚ずつ英語で言っていきます。

❹相手チームの子と出会ったところでジャンケンをします。勝ったら，そのまま進みますが，負けたら次の人が出発し，同じように単語を１枚ずつ英語で言っていきます。

❺相手チームの出発地点まで行くか，制限時間内でより相手チームの出発点に近い方を勝ちとします。

英語トランプは，英語のスペルだけなく，カタカナで発音が書いてあると，英語が読めなくても発音できるので，おすすめです（100円ショップなどで売っています）。

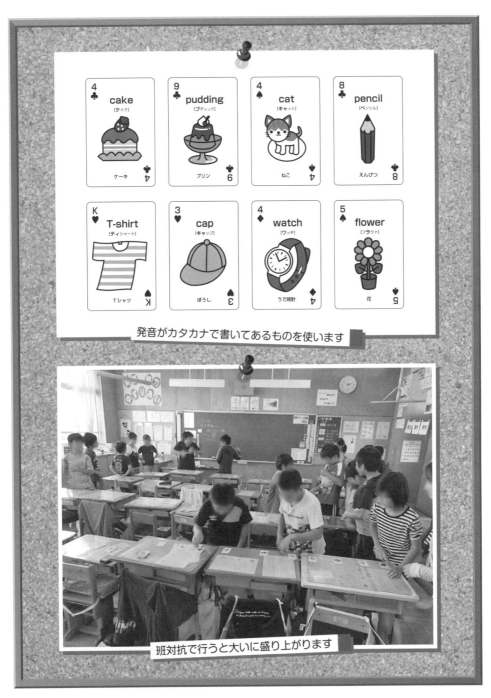

4 ♣ cake [ケイク] ケーキ 4 ♣	9 ♣ pudding [プディング] プリン 6 ♣	4 ♣ cat [キャット] ねこ 4 ♣	8 ♣ pencil [ペンシル] えんぴつ 8 ♣
K ♥ T-shirt [ティシャーツ] Tシャツ K ♥	3 ♥ cap [キャップ] ぼうし 3 ♥	4 ♦ watch [ウォッチ] うで時計 4 ♦	5 ♠ flower [フラウァ] 花 5 ♠

発音がカタカナで書いてあるものを使います

班対抗で行うと大いに盛り上がります

ホワイトボードで
言葉集めゲーム！

ねらい

友だちとペアで，お題に合う言葉をホワイトボードに言葉を書き出していく活動を通して，楽しみながら語彙を増やす。

❶ペアに1枚ずつホワイトボードとホワイトボードマーカーを配ります。

❷どちらが先に書くか決めます（1つ書くごとに交代します）。

❸制限時間を決め，タイマーをセットします（1～2分間程度）。

❹教師がお題を出します。

（例）・頭に「あ」のつく言葉

・「木」へんの漢字

・都道府県しりとり

・クラスの友だちの氏名を漢字で

・学校の先生の名前を漢字で

❺制限時間になったら，書いた数を数え，ホワイトボードに記入します。
（問題によっては，答え合わせをします）

❻ホワイトボードを一斉にあげさせ，一番数が多かったペアをチャンピオンとして大きな拍手で称えます。

班対抗（グループ活動）でもできますが，ホワイトボードがたくさんあれば，ペアで行った方が何度も書くことができるので，子どもたちの満足度もアップします。

ペアで協力してたくさんの言葉を集めます

集めた言葉の数は大きな字で書かせます

記憶をたどって
絵を再現しよう！

ねらい

見た絵を再現する活動を通して，記憶力を鍛える。

❶A5判の用紙を子ども1人に1枚ずつ配ります。

❷A3判の紙に，右ページの写真のような簡単な絵をかき，黒板に提示します（子どもに見えやすいように，太いマジックでかきます）。

❸子どもは絵を30秒見ます。

❹黒板の絵を外します。

❺子どもは絵を思い出しながら，A5の用紙に再現します。

❻再度絵を提示し，答え合わせをします。どれだけ正確にかけたか，まわりと見比べてみるとよいでしょう。

　遊びながら記憶力を鍛えるゲームです。

　黒板に提示する絵は，はじめは単純な図形などで構成されたシンプルなものにします。そのうち，簡単なキャラクターの絵なども提示すると，でき上がりの絵が子どもによってバラバラで，ひと盛り上がりできます。

　活動に慣れてきたら，黒板に提示する絵を子どもにかかせてみるのもよいでしょう。

　特定の教科の内容と関連するゲームではないので，授業のすき間の時間を見つけ，継続的に行うのが効果的です。

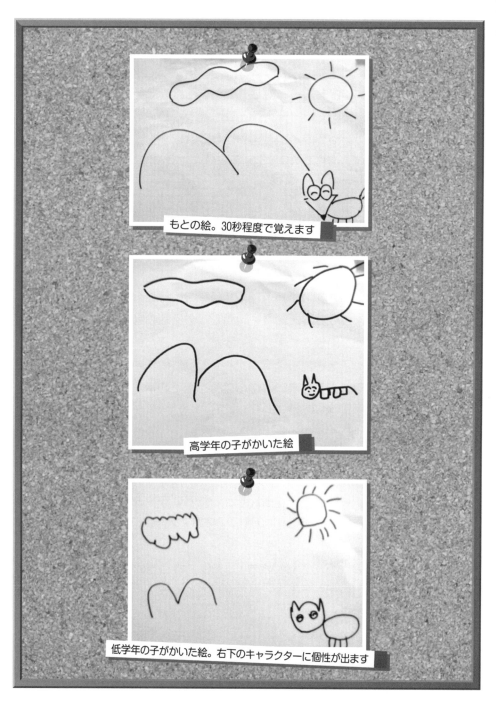

もとの絵。30秒程度で覚えます

高学年の子がかいた絵

低学年の子がかいた絵。右下のキャラクターに個性が出ます

Afterword

おわりに

　教師は，学級や子どもたちに対して様々なことを願うものですが，最も大きな願いは，子どもたち一人ひとりがいつでもニコニコして，笑顔があふれる学級であってほしいということではないでしょうか。笑いの絶えない，笑顔があふれる教室では，子どもたちが仲良く，力を合わせて，取り組もうとする姿をたくさん見ることができます。

　そういった子どもたちのたくさんの笑顔を見ていると，教師もさらに意欲的になり，いろいろなアイデアがわいてきます。これこそが教師のやりがいとも言えます。

　この本には，そんな笑顔があふれる学級をつくるための，ちょっとしたアイデア，つまり5分間という短時間でできる活動を集めました。

　私は，学級担任が出張で，代わりに教室に行くことがよくあります。

　はじめのうち，子どもたちはプリントやドリルに集中して取り組んでいますが，途中であきてしまい，だんだんと私語も増えてきます。

　そんなときは，「手拍子たし算（ひき算・かけ算）」を子どもたちと一緒にやります。やり方をごく簡単に説明し，一緒にやります。

　「パン，パン」と教室に手拍子の音が響きます。「答えはいくつ？」と言うと，「○○」と大きな声で答えます。

　この活動を3，4回繰り返すと，子どもたちは集中力を取り戻し，真剣な顔になってきます。そうしたらまた，プリントやドリルに取り組ませます。

　そうして，教室から出て行くとき，「先生，さっきの手拍子のまたやってね！」と子どもたちが笑顔で声をかけてくれました。

　この本は，静岡教育サークル「シリウス」，そして藤枝教育サークル「亀の会」の会員がアイデアを出し合い，また，実践を通してつくり上

げました。実際に試していただければ，たくさんの子どもたちの笑顔に
出会えること間違いなしです。

　しかし，時には，本書に書いてある通りにやってみても，うまくでき
ないときがあるかもしれません。そんなときは，チャンスだと思って，
ご自身の学級の実態に合うようにアレンジしてみてください。そうした
試みによって，この本のアイデアが，やがて読者の先生のオリジナルな
ものになっていくはずです。

　そして，ぜひとも読者の先生ご自身が楽しみながら取り組んでみてく
ださい。「何はなくとも，教師の笑顔」という言葉があります。教師の
笑顔が，子どもたちの活力になり，学級に笑顔が増えていくということ
もあるのです。

　最後になりましたが，企画の段階からいろいろな助言をいただいた明
治図書出版の矢口郁雄さんには大変お世話になりました。この場を借り
て，お礼申し上げます。ありがとうございました。

2018年2月

静岡教育サークル「シリウス」
藤枝教育サークル「亀の会」
松岡　悟

【執筆者一覧】

泉　　　真（元静岡市立公立小学校）

岩瀬　丈洋（静岡市立駒形小学校）

宇佐美吉宏（静岡市立安西小学校）

戸塚健太郎（静岡市立長田南小学校）

松岡　　悟（静岡県藤枝市立青島東小学校，藤枝教育サークル「亀の会」代表）

森竹　高裕（静岡市立安西小学校，静岡教育サークル「シリウス」代表）

渡邊　朋彦（静岡市立川原小学校）

【編著者紹介】

静岡教育サークル「シリウス」
（しずおかきょういくさーくる「しりうす」）

1984年創立。
「理論より実践」「具体的な子どもの事実」「小さな事実から大きな結論を導かない」これらがサークルの主な柱です。
自分の実践を語る場がある，聞いてくれる仲間がいるというのはすばらしいことです。同じ志をもつ仲間がそこにはいます。

連絡先　森竹高裕　✉ ezy10157@nifty.com

アイスブレイクからすきま時間まで

学級＆授業　５分間活動アイデア事典

2018年３月初版第１刷刊　Ⓒ編著者　静岡教育サークル「シリウス」

発行者　藤　原　光　政

発行所　明治図書出版株式会社

http://www.meijitosho.co.jp

（企画）矢口郁雄（校正）大内奈々子

〒114-0023　東京都北区滝野川7-46-1
振替00160-5-151318　電話03(5907)6701
ご注文窓口　電話03(5907)6668

＊検印省略　　　　　　組版所　株式会社明昌堂

本書の無断コピーは，著作権・出版権にふれます。ご注意ください。

Printed in Japan　　　　ISBN978-4-18-226311-8

もれなくクーポンがもらえる！読者アンケートはこちらから →